Le grand livre des Desserts

© 2002 - Éditions Delville
ISBN 2-85922-146-8

Le grand livre des Desserts

- Nombre de personnes pour lequel la recette a été calibrée
- Ingrédients à prévoir
- Temps de préparation (+ éventuellement temps de repos, macération, etc.)
- Temps de cuisson
- Temps de réfrigération, au congélateur, ou au réfrigérateur (précisé dans la recette)
- Difficulté de la recette
- Ordre de prix
- Vin conseillé région, couleur, appellation

SOMMAIRE

Desserts variés

Ananas soufflés	10	
Aspic de fruits rouges	11	
Aspic de pêches à la gelée de verveine	12	
Beignets bugnes	13	
Biscuit aux amandes	14	
Charlotte aux framboises	15	
Clafoutis aux poires	16	
Clémentines confites aux 3 agrumes	17	
Compote de pommes aux épices	18	
Compote de pommes meringuée	19	
Crème surprise en coquille	20	
Croustades aux pommes et à l'avoine	21	
Croustades aux pommes et à la cannelle	22	
Croustillants aux pommes et au miel	23	
Crumble aux pêches et fruits rouges	24	
Figues au coulis de framboises	25	
Flan à la mousse de pêches	26	
Galette charentaise	27	
Gâteau au yaourt	28	
Gâteau aux pommes	29	
Gâteau basque	30	
Gâteau brioché aux raisins	31	
Gâteau de savoie	32	
Gâteau de semoule aux fruits rouges	33	
Gâteau roulé aux noix	34	
Gratin de pamplemousses	35	
Jalousie aux nectarines	36	
Mille-feuille aux poires	37	
Œufs à la neige	38	
Pain d'épices maison	39	
Pain perdu et zestes d'oranges	40	
Pêche à la fondue de pêches	41	
Poires au miel et crème anglaise	42	
Poires au cassis	43	
Poires au vin en corolles	44	
Pommes aux fruits secs et à la vanille	45	
Prunes pochées à la menthe	46	
pudding aux cerises noires	47	
Sabayon de nectarines	48	

49	Salade d'oranges au miel et à la cannelle
50	Salade de fruits rouges en coupe
51	Savarin à la poire williams
52	Soufflé glacé au citron
53	Soupe de mangue à la menthe
54	Tarte à la confiture de fraises
55	Tarte à l'ananas et à la noix de coco
56	Tarte au citron
57	Tarte aux mirabelles
58	Tarte aux myrtilles
59	Tarte aux deux pamplemousses
60	Tarte aux pêches
61	Tarte aux pommes
62	Tarte étoilée aux fruits d'été
63	Tarte tatin au miel
64	Tartelettes à la rhubarbe et aux fraises
65	Tartelettes aux poires et aux noix
66	Tartelettes aux raisins
67	Tôt fait

Desserts au chocolat

70	Barquettes de chocolat aux fruits
71	Bavarois au chocolat et à la menthe
72	Brownies
73	Charlotte aux marrons et au chocolat
74	Cookies
75	Coquilles de chocolat aux fruits rouges
76	Crème au chocolat
77	Crème au chocolat et à l'ananas
78	Croq au chocolat
79	Dôme au chocolat
80	Douceur au chocolat au coulis de framboises
81	Fondant au chocolat et aux marrons
82	Fondue de chocolat aux fruits
83	Forêt noire
84	Gâteau au chocolat en forme de lune
85	Gâteau au chocolat et au mascarpone
86	Gâteau au chocolat et au rhum
87	Gâteau au chocolat et aux fraises
88	Gâteau au chocolat et aux fruits confits
89	Gâteau au chocolat et aux fruits secs
90	Gâteau au chocolat et aux noisettes
91	Gâteau au cacao nappé de chocolat noir
92	Gâteau au chocolat et à la crème
93	Gâteau basque au chocolat
94	Gâteau roulé aux deux saveurs
95	Larmes de chocolat garnies

96	Madeleines au chocolat
97	Mousse au chocolat
98	Mousse au cointreau
99	Muffins
100	Neige brûlée au chocolat blanc
101	Nougat glacé au chocolat et aux amandes
102	Œufs en coquille au chocolat
103	Œufs à la neige au chocolat
104	Opéra
105	Oranges confites au chocolat
106	Pain d'épices au chocolat
107	Pain perdu au chocolat
108	Petits biscuits «macarons» au chocolat
109	Petits fours aux amandes et au chocolat
110	Poires belle-hélène sur muffin
111	Poires pochées au chocolat
112	Profiteroles au chocolat
113	Ravioles au chocolat et à l'orange
114	Rochers au chocolat
115	Sandwich au chocolat et aux fraises
116	Sorbet poire et mousse au chocolat
117	Soufflé glacé au chocolat
118	Soufflés au chocolat et aux framboises
119	Tartelettes au chocolat et aux noix
120	Tarte à la mousse au chocolat blanc
121	Tarte au chocolat, aux bananes et aux noix
122	Tarte au chocolat et à la noix de coco
123	Tarte chocolatée aux fraises
124	Terrine glacée au chocolat
125	Timbales de chocolat au coulis de cerises

Entremets

128	Blanc-manger aux abricots
129	Crème à l'orange à la vergeoise brune
130	Crème à la banane et au sésame
131	Crème à la vanille
132	Crème au citron vert à la citronnelle et au miel
133	Crème brûlée ardéchoise
134	Crème brûlée au safran
135	Crème vanillée aux raisins secs
136	Crème vanillée à la noix de coco
137	Entremet glacé à la pomme
138	Flan au coco et à la cacahuète
139	Flan de chocolat aux fruits
140	Gâteau de riz au coulis de fruits rouges
141	Gâteau au fromage blanc et aux framboises
142	Mousse au café
143	Mousse au café et aux noisettes
144	Mousse au fromage blanc et aux kiwis
145	Mousse de fruits de la passion au citron vert
146	Mousse de pommes
147	Mousse glacée aux marrons
148	Oranges farcies
149	Petits flans à la mûre
150	Petits pots de crème arabica
151	Pudding à la banane
152	Riz au lait vanillé à l'orange confite
153	Soufflé à la liqueur
154	Soufflés glacés aux fruits d'automne
155	Terrine de fromage blanc aux pruneaux
156	Timbale à la noix de coco et à la carambole
157	Tiramisu

Glaces

160	Café liégeois
161	Figues pochées au banyuls
162	Glace au melon
163	Glace au miel d'acacia et à la poire
164	Glace à la vanille et abricots au sirop
165	Glace en gâteau aux framboises
166	Pastèque à la noix de coco
167	Pêche melba

Sorbets

170	Biscuits et sorbet chocolat
171	Coupe de sorbet à l'orange
172	Chaussons aux fraises
173	Dentelles de fraises
174	Divers sorbets aux fruits
175	Figues et sorbet melon
176	Granité à la pêche
177	Granité de melon au miel
178	Poires confites aux épices et sorbet au cassis
179	Pruneaux aux amandes et sorbet framboise
180	Quenelles de sorbet à l'orange
181	Quenelles de sorbet au citron vert
182	Quenelles de sorbet aux fruits rouges
183	Sorbet à la fraise
184	Sorbet à la pomme citronnée
185	Sorbet à l'abricot
186	Sorbet au citron vert et tequila
187	Sorbet aux coings
188	Sorbet aux myrtilles sauce au yaourt
189	Sorbets aux fruits en corolle
190	Index alphabétique

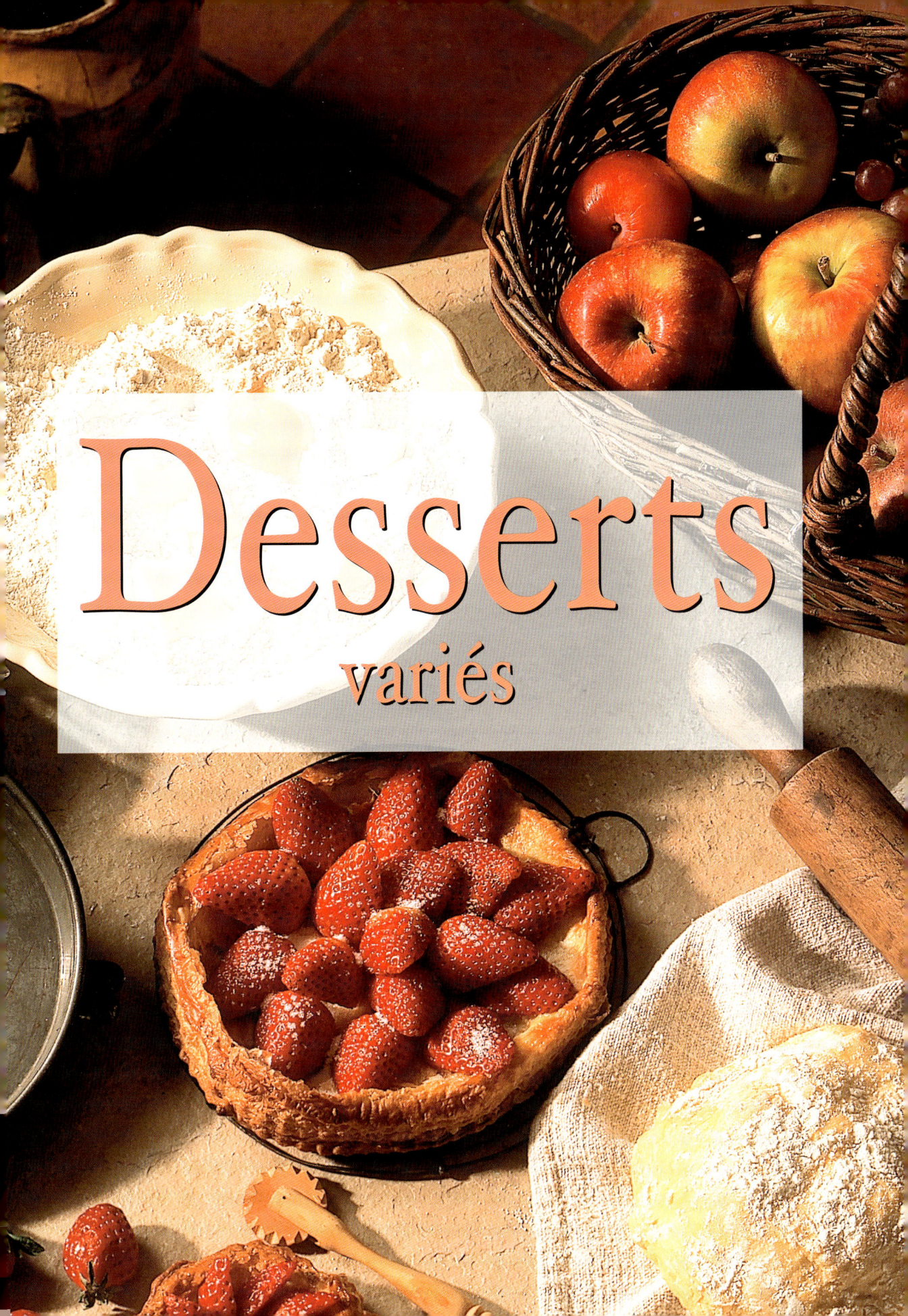

Desserts
variés

ANANAS SOUFFLÉS

4 personnes

2 petits ananas
3 cuillères à soupe de cannelle
15 cl de sirop de canne
1 cuillère à soupe de sucre
4 blancs d'œufs

■ Coupez les ananas en deux en conservant leurs feuilles. Prélevez la chair en prenant soin de retirer la tige centrale. Détaillez la chair en morceaux. Passez-la au mixeur avec la cannelle et le sirop de canne. Réservez.

■ Battez les blancs en neige. Saupoudrez d'une cuillère à soupe de sucre avant qu'ils ne soient trop fermes. Battez à nouveau.

■ Disposez un peu de compote d'ananas dans chaque coque vide. Recouvrez des blancs en neige.

■ Passez sous le gril jusqu'à ce que le dessus des ananas prenne une coloration dorée. Servez aussitôt.

Le conseil

Avant de battre les blancs en neige, pour être sûr de bien les réussir, ajoutez une pincée de sel ou un filet de citron.

PRÉPARATION 20 mn

CUISSON 3 à 4 mn

FACILE

RAISONNABLE

Le Vin
Val de Loire Blanc

Cabernet d'Anjou

desserts variés

ASPIC DE FRUITS ROUGES

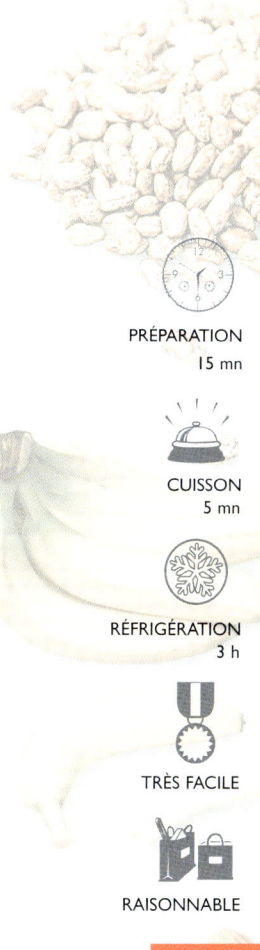

4 personnes

250 g de fraises
250 g de framboises
250 g de groseilles
100 g de sucre en poudre
20 cl de crème de cassis
20 cl de vin blanc (Barsac)
30 cl d'eau
4 feuilles de gélatine
ou 4 cuillères à café
de gélatine en poudre

PRÉPARATION
15 mn

CUISSON
5 mn

RÉFRIGÉRATION
3 h

TRÈS FACILE

RAISONNABLE

le Vin
Bordeaux Blanc

Barsac

desserts variés

- Lavez, épongez les fruits. Équeutez et coupez les fraises en deux, égrenez les groseilles. Mélangez-les et répartissez-les dans 4 ramequins.

- Trempez les feuilles de gélatine dans l'eau froide pour les ramollir.

- Dans une casserole, faites tiédir l'eau, le vin, la crème de cassis avec le sucre. Égouttez la gélatine en la pressant entre les doigts, ajoutez-la dans la casserole. Mélangez jusqu'à ce que le sucre soit fondu. Laissez tiédir. Versez le mélange sur les fruits.

- Mettez les ramequins pendant 3 h dans le réfrigérateur. Servez.

Le conseil

Pour démouler les aspics, trempez rapidement le fond des ramequins dans l'eau chaude.

ASPIC DE PÊCHES
À LA GELÉE DE VERVEINE

6 personnes

1 kg de pêches jaunes
1 kg de pêches blanches
1 gousse de vanille
2 sachets d'infusion de verveine
8 feuilles de gélatine (16 g)
50 cl de vin blanc moelleux
2 branches de menthe

Sauce
50 cl de Côtes du Rhône rouge
100 g de sucre
1 bâton de cannelle
1 clou de girofle
3 grains de poivre noir
6 branches de menthe

PRÉPARATION
25 mn

CUISSON
15 mn

RÉFRIGÉRATION
6 h

ASSEZ DIFFICILE

RAISONNABLE

Le Vin
Vallée du Rhône Rouge

Côtes du Rhône

desserts variés

■ Faites tremper la gélatine dans un saladier d'eau froide.

■ Dans une casserole, portez le vin moelleux et 10 cl d'eau à chauffer avec la gousse de vanille fendue en deux dans la longueur. À ébullition, éteignez et plongez les infusettes dedans. Couvrez et laissez 5 mn au repos. Passez l'infusion au tamis et incorporez les feuilles de gélatine essorée. Mélangez pour une entière dissolution. Laissez tiédir.

■ Versez une couche de gelée dans un moule à bavarois en le tournant dans tous les sens pour couvrir le fond et les parois. Placez 10 mn au frais.

■ Pelez les pêches puis coupez-les en quartiers. Garnissez-en l'intérieur du moule en formant des rosaces. Remplissez de gelée, recouvrez d'un film étirable et placez au réfrigérateur pendant 6 h.

■ Pour la sauce, rassemblez le vin rouge, les épices et le sucre dans une casserole. Faites réduire de moitié, à découvert et sur un feu moyen. Hors du feu, ajoutez les brins de menthe et laissez infuser 10 mn à couvert. Filtrez, laissez refroidir et réservez au frais dans une saucière.

■ Démoulez en faisant passer un peu d'air entre les parois du moule à l'aide d'un couteau.

■ Décorez de feuilles de menthe et servez la sauce séparément.

BEIGNETS BUGNES

5 à 6 personnes

30 bugnes environ

250 g de farine tamisée
10 g de levure de boulanger ou de levure chimique
2 œufs
75 g de beurre
1 cuillère à café de sel
1 cuillère à dessert de sucre
1 cuillère à café de rhum
Sucre glace
Huile de friture

PRÉPARATION
30 mn + 12 h de repos

CUISSON
15 mn

FACILE

BON MARCHÉ

- La veille : délayez la levure de boulanger avec une cuillerée à soupe d'eau tiède. Ajoutez 50 g de farine et mélangez pour obtenir une pâte très molle. Réservez à température ambiante pendant 5 mn.

- Versez le reste de farine dans un saladier et faites un puits. Cassez les œufs au centre et pétrissez légèrement. Ajoutez le sel, le sucre, le rhum, le beurre fondu et légèrement refroidi, enfin le levain.

- Travaillez la pâte d'abord à la cuillère en bois, puis à la main en la battant énergiquement jusqu'à ce qu'elle soit homogène, lisse et n'attache plus aux doigts.

- Farinez légèrement la pâte rassemblée en boule et recouvrez d'un linge. Laissez reposer à température ambiante 12 h.

- Le jour même : étalez la pâte au rouleau le plus finement possible.
À l'aide d'une roulette à pâtisserie ou d'un couteau, découpez des rectangles de 10 cm de long sur 5 à 8 cm de large.

- Faites chauffer l'huile de friture et plongez les rectangles de pâte par petites quantités dans l'huile bien chaude. Laissez dorer 2 à 3 mn, les bugnes doivent être bien blondes. Égouttez sur papier absorbant. Tenez au chaud au fur et à mesure.

- Poudrez de sucre glace pour servir.

le **Vin**
Languedoc-Roussillon Rouge

Muscat de Rivesaltes

desserts variés

BISCUIT AUX AMANDES

4 personnes

145 g de sucre semoule + 200 g
50 g de farine tamisée
50 g de fécule
40 g de beurre
4 œufs
50 g d'amandes effilées
1/2 cuillère à café d'eau de fleurs d'oranger
Beurre et farine pour le moule

PRÉPARATION
25 mn

CUISSON
30 mn

FACILE

BON MARCHÉ

Le Vin
Savoie Blanc

Seyssel

desserts variés

- Allumez le four Th. 5/6 (170°C). Beurrez un moule à manqué. Saupoudrez-le de farine. Garnissez-le d'amandes effilées.

- Faites fondre le beurre tout doucement, laissez-le tiédir.

- Séparez les jaunes des blancs d'œufs. Dans une jatte, battez les jaunes, le sucre et la fleur d'oranger jusqu'à ce que le mélange soit mousseux et léger. Ajoutez la fécule et la farine avec une cuillère en bois sans fouetter.

- Montez les blancs en neige et ajoutez 20 g de sucre semoule à mi-chemin.

- En même temps, versez les blancs en neige et le beurre sur la préparation en coupant la masse par le milieu puis en la soulevant et en tournant avec une cuillère en bois. Procédez délicatement. Versez aussitôt dans le moule et faites cuire sans attendre 30 mn.

- Vérifiez la cuisson en enfonçant la pointe d'un couteau. Elle doit ressortir sèche. Démoulez tiède. Saupoudrez de sucre glace.

Le conseil

Vous pouvez, si vous aimez, servir le gâteau avec un coulis de fruits rouges.

CHARLOTTE AUX FRAMBOISES

8 personnes

15 biscuits cuillères
500 g de framboises

Crème bavaroise
3 cuillères à soupe de sucre
1/4 l de lait
1/2 sachet de sucre vanillé
3 jaunes d'œufs
4 feuilles de gélatine
1 pincée de sel

Crème fouettée
400 g de crème fleurette

PRÉPARATION
30 mn

CUISSON
3 à 4 mn

RÉFRIGÉRATION
24 h

ASSEZ DIFFICILE

RAISONNABLE

- Mélangez au batteur les œufs, le sucre et le sucre vanillé jusqu'à ce que le mélange blanchisse légèrement.

- Faites bouillir le lait salé, puis hors du feu, incorporez le mélange sucre et œufs. Remettez à feu doux sans cesser de tourner, retirez du feu avant ébullition.

- Faites tremper les feuilles de gélatine dans de l'eau froide, égouttez-les puis ajoutez-les à la crème chaude. Laissez refroidir.

- Pendant ce temps, lavez les framboises, réservez les plus belles pour la décoration.

- Garnissez les parois du moule à charlotte avec les biscuits, côté bombé contre les bords.

- Fouettez la crème fleurette jusqu'à ce qu'elle tienne aux branches du fouet. Incorporez-la à la crème bavaroise délicatement avec une spatule, versez-en la moitié dans le moule puis mettez les fruits, finissez avec le reste de crème.

- Mettez au réfrigérateur pendant 24 h.

- Au moment de servir, décorez le dessus de la charlotte avec des framboises.

Le conseil

Pour être bien sûr de réussir une crème chantilly, il faut que la crème fraîche soit bien froide. Mettez-la 5 mn au congélateur avant de la fouetter.

le **Vin**
Provence / Corse
Blanc

Muscat de Rivesaltes

desserts variés

15

CLAFOUTIS AUX POIRES

6 personnes

1 kg de poires
125 g de farine
125 g de sucre
2 œufs
50 g de beurre fondu
1 dl de vin blanc Monbazillac
1 cuillère à café de levure en poudre
1 sachet de sucre vanillé
1 cuillère à soupe de beurre

■ Beurrez un moule puis préchauffez votre four Th. 6/7 (200°C).

■ Pelez les poires et coupez-les en quartiers.

■ Dans un saladier, cassez les œufs, incorporez le sucre et fouettez. Ajoutez le beurre, la farine, la levure. Versez le vin dans la préparation sans cesser de fouetter.

■ Versez la pâte dans le moule. Rangez en rosace les quartiers de poire sur la pâte. Enfournez et laissez cuire 15 mn.

■ Sortez le gâteau, saupoudrez-le de sucre vanillé et remettez-le au four 5 mn.

Le conseil

Vous pouvez remplacer le sucre vanillé par de la cassonade. Le gâteau, après être passé sous le gril, présentera une croûte caramélisée et délicieuse.

PRÉPARATION 15 mn

CUISSON 20 mn

TRÈS FACILE

BON MARCHÉ

Le Vin
Sud-Ouest Blanc

Monbazillac

desserts variés

CLÉMENTINES CONFITES AUX 3 AGRUMES

4 personnes

8 clémentines
1 citron vert
1 citron jaune
1 orange
1/2 gousse de vanille
500 g de sucre en poudre
Quelques feuilles de menthe

- À l'aide d'un couteau, prélevez l'écorce des clémentines bien lavées, puis pelez-la en enlevant le maximum de peau blanche.

- Prélevez ensuite quelques lanières d'écorce des citrons et de l'orange. Partagez en deux tous les morceaux d'écorce, réservez-en une moitié pour parfumer le sirop.

- Coupez en fine julienne l'autre moitié et blanchissez-la 3 mn dans de l'eau bouillante.

- Préparez le sirop : Dans une casserole, mettez 1 l d'eau, le sucre, les zestes d'orange, de clémentines et de citrons, la vanille fendue et faites cuire jusqu'à la transformation en sirop.

- Ajoutez alors les clémentines entières, faites-les cuire sur feu doux 10 à 12 mn et retirez-les lorsque le sirop est tiède.

- Servez les clémentines sur une assiette, nappez-les de sirop, saupoudrez-les de julienne de zestes blanchis et décorez avec quelques feuilles de menthe.

Le conseil

Pour prélever plus facilement les zestes, utilisez de préférence un couteau économe.

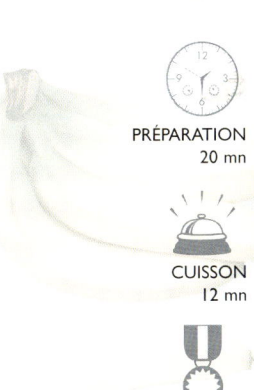

PRÉPARATION
20 mn

CUISSON
12 mn

TRÈS FACILE

BON MARCHÉ

Le Vin
Languedoc-Roussillon
Rouge

Muscat de Rivesaltes

desserts variés

COMPOTE DE POMMES AUX ÉPICES

4 personnes

4 pommes vertes
125 g de sucre
3 étoiles de badiane
1 gousse de vanille
1 cuillère à café de cannelle
3 cuillères à soupe de jus d'orange
100 g de raisins secs

- Épluchez et découpez les pommes en fines rondelles.

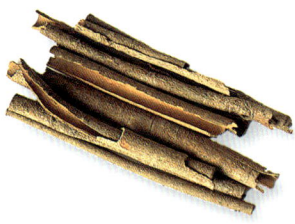

- Mettez-les dans une cocotte avec les raisins, le jus d'orange, les étoiles de badiane, la vanille coupée en deux, la cannelle et le sucre.

- Laissez macérer 2 h.

- Portez la compote à ébullition puis baissez le feu et laissez mijoter pendant 30 mn à feu moyen.

- Laissez refroidir.

Le conseil

Il est essentiel de couper la vanille en deux dans le sens de la longueur, les graines parfumées se trouvant à l'intérieur.

PRÉPARATION
15 mn + 2 h macération

CUISSON
30 mn

TRÈS FACILE

BON MARCHÉ

Le Vin
Beaujolais Blanc

desserts variés

COMPOTE DE POMMES MERINGUÉE

4 à 6 personnes

1,5 kg de pommes
60 g de sucre en poudre
1/2 citron
6 biscuits à la cuillère
1/2 cuillère à café de cannelle en poudre
1/2 gousse de vanille
20 g de beurre

Meringue
3 blancs d'œufs
50 g de sucre
1 pincée de sel

■ Pelez et épépinez les pommes, coupez-les en gros dés. Dans une casserole, faites-les fondre avec le sucre, la gousse de vanille fendue en deux et le jus de citron. Laissez cuire 15 mn à couvert.

■ Les pommes doivent se défaire et il ne doit plus rester de jus de cuisson, sinon, faites évaporer ce jus à feu vif.

■ Ôtez les bâtons de vanille et écrasez grossièrement les pommes à la fourchette. Mélangez la cannelle en poudre.

■ Préchauffez le four Th. 7 (210°C).

■ Dans un joli plat à gratin beurré, émiettez les biscuits à la cuillère et versez la compote dessus.

■ Fouettez les blancs en neige ferme en ajoutant le sucre à mi-opération. Recouvrez les pommes de cette meringue en égalisant avec une spatule. Formez des stries avec une fourchette.

■ Passez au four 8 à 10 mn afin de dorer la meringue. Présentez dans le plat de cuisson.

Le conseil

Choisissez de préférence comme pommes des Granny Smith. Elles sont un petit peu acides mais délicieuses lorsqu'elles sont cuites.

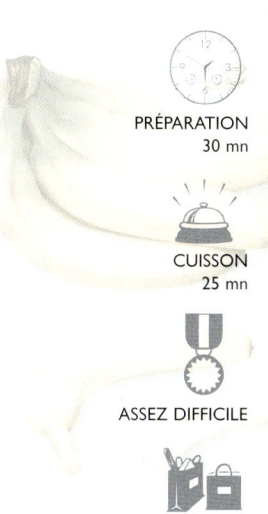

PRÉPARATION
30 mn

CUISSON
25 mn

ASSEZ DIFFICILE

RAISONNABLE

Le **Vin**
Jura Blanc

Vin de Paille

desserts variés

CRÈME SURPRISE EN COQUILLE

4 personnes

100 g de sucre en poudre
4 œufs
10 cl de crème fraîche liquide
1 orange
15 cl de lait
1 cuillère à café d'eau de fleurs d'oranger
4 cuillères à soupe de sucre glace
1 paquet de sucre candi
4 coquilles Saint-Jacques vides bien nettoyées

PRÉPARATION
15 mn

CUISSON
30 mn

FACILE

BON MARCHÉ

Le **Vin**
Val de Loire Blanc

Touraine

desserts variés

- Allumez le four Th. 6 (180°C).

- Faites bouillir le lait avec la crème fraîche et le zeste d'orange râpé. Laissez infuser à couvert, feu éteint, pendant 2 mn.

- Travaillez les œufs et le sucre dans une terrine jusqu'à ce qu'ils deviennent mousseux. Versez le lait chaud en filet en mélangeant avec un fouet. Versez l'eau de fleurs d'oranger. Mélangez à nouveau.

- Sur la plaque à pâtisserie, répartissez 4 tas de sucre candi pour stabiliser les coquilles. Versez la crème dedans et posez-les sur les 4 piles de sucre candi. Laissez cuire au four 30 mn.

- Saupoudrez le dessus des crèmes de sucre glace et passez sous gril le temps de faire caraméliser le sucre.

- Servez les coquilles tièdes sur des assiettes, posées sur des cristaux de candi, comme pour la cuisson.

Le conseil

Si vous n'avez pas de coquilles Saint-Jacques vides, vous pouvez mettre la crème dans des coupelles ou des ramequins.

CROUSTADES AUX POMMES ET À L'AVOINE

10 personnes

Croustades
300 g de cassonade
125 g de beurre
1 cuillère à café de lait
1 œuf moyen
1 cuillère à café d'essence de vanille
250 g de farine
1 cuillère à café de cannelle moulue
1 pincée de sel
375 g de gruau d'avoine
250 g de pommes pelées et coupées en cubes
+ 100 g
175 g de raisins de Corinthe

Garniture
50 g de beurre
5 pommes émincées
300 g de cassonade

- Préchauffez le four Th. 6 (180°C).

- Graissez deux plaques à biscuits. Dans un bol, mélangez bien au batteur électrique la cassonade, le beurre, le lait, l'œuf et l'essence de vanille jusqu'à ce que le mélange soit crémeux.

- Ajoutez la farine, la cannelle, le sel et la muscade. Mélangez bien. Incorporez un à un les ingrédients suivants : le gruau d'avoine, les pommes et les raisins. Mélangez bien.

- Répartissez le mélange en 10 portions et déposez sur les 2 plaques à biscuits graissées. Laissez 5 à 7,5 cm entre chaque portion. Cuisez au four pendant 15 mn environ et retirez des plaques.

Garniture

- Dans une casserole, faites fondre le beurre et sautez les pommes 2 mn. Ajoutez la cassonade et laissez dorer environ 5 mn. Servez chaud sur les croustades.

Le conseil

Ajoutez 1/2 cuillère de bicarbonate de soude à la pâte, les croustades seront ainsi plus digestes.

PRÉPARATION
20 mn

CUISSON
20 mn

FACILE

RAISONNABLE

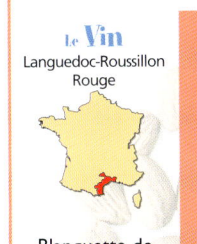

le **Vin**
Languedoc-Roussillon Rouge

Blanquette de Limoux

desserts variés

21

CROUSTADES AUX POMMES ET À LA CANNELLE

6 personnes

- 1 noix de beurre
- 2 pommes pelées, épépinées et coupées en dés
- 10 cl de sirop d'érable
- 4 cuillères à soupe de liqueur d'érable
- 2 tranches de pain de mie, détaillées en cubes
- 4 gros œufs
- 35 cl de lait
- 1 cuillère à café d'essence de vanille
- Gelée de pommes, fondue
- Fruits frais
- Feuilles de menthe

■ Dans une poêle, faites fondre le beurre et faites sauter les dés de pommes. Ajoutez 5 cl de sirop d'érable et 2 cuillères à soupe de liqueur d'érable, faites caraméliser. Répartissez dans 6 ramequins allant au four. Ajoutez les cubes de pain de mie sur le dessus et réservez.

■ Préchauffez le four Th. 6 (180°C). Dans un bol, mélangez les œufs, le lait, le sirop d'érable restant, l'essence de vanille et 2 cuillères à soupe de liqueur d'érable.

■ Versez la préparation dans les ramequins.

■ Déposez dans un bain-marie et cuisez au four 35 à 40 mn. Retirez du four, laissez refroidir et démoulez.

Le conseil

C'est un dessert typiquement québécois, mais si vous ne trouvez pas de sirop d'érable, vous pouvez le remplacer par du sirop de sucre de canne et la liqueur par une liqueur à votre goût.

PRÉPARATION 20 mn

CUISSON 40 mn

TRÈS FACILE

BON MARCHÉ

Le Vin
Bordeaux Rouge
Clairet

desserts variés

CROUSTILLANTS AUX POMMES ET AU MIEL

4 personnes

6 feuilles de brick
100 g de beurre fondu
250 g de beurre + 25 g
1 cuillère à soupe de miel
+ 1 cuillère
8 pommes pelées, épépinées et coupées en tranches
Quelques feuilles de menthe

Crème anglaise
4 jaunes d'œufs
2 cuillères à soupe de miel
1 tasse de lait chaud
2 dl d'hydromel
1 cuillère à thé de fécule de maïs délayée dans un peu d'eau
1 cuillère à thé de vanille liquide

- Préchauffez le four Th. 6 (180°C). Sur une planche de travail, superposez 3 feuilles de brick badigeonnées d'un mélange de beurre fondu et d'1 cuillère à soupe de miel.

- Coupez 6 rondelles de même dimension, disposez sur une plaque à biscuits et cuisez au four 5 mn environ ou jusqu'à ce qu'elles soient bien dorées. Recommencez avec les 3 autres feuilles de brick pour obtenir 12 rondelles au total, réservez.

- Dans une poêle, faites fondre le beurre restant et faites rôtir les tranches de pommes. Ajoutez le miel restant et laissez caraméliser.

- Répartissez les tranches de pommes sur 8 rondelles de feuilles de brick. Superposez-les 2 par 2 pour obtenir 4 parts puis recouvrez avec les 4 dernières rondelles, réservez.

- Préparez la crème anglaise : au bain-marie ou dans une casserole à feu très doux, mélangez les jaunes d'œufs et le miel, ajoutez le lait chaud, l'hydromel, la fécule de maïs et la vanille. Laissez épaissir sans cesser de tourner jusqu'à ce que la crème nappe le dos d'une cuillère en bois. Versez dans un bol et laissez refroidir.

- Au moment de servir, nappez le fond des assiettes de crème anglaise, déposez les croustillants et décorez de feuilles de menthe.

Le conseil

Surtout ne laissez pas la crème anglaise bouillir !

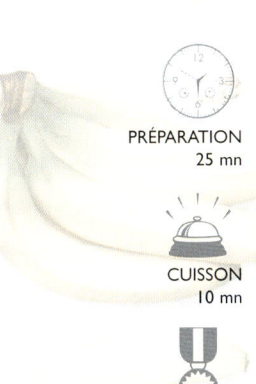

PRÉPARATION
25 mn

CUISSON
10 mn

FACILE

BON MARCHÉ

Le Vin
Bourgogne Blanc

Côtes de Beaune

desserts variés

CRUMBLE AUX PÊCHES ET FRUITS ROUGES

6 personnes

8 pêches de vigne si possible
200 g de mûres
250 g de groseilles
200 g de sucre roux
200 g de farine
125 g de beurre + 20 g
Le jus d'1/2 citron
1 pincée de sel

- Plongez les pêches 30 s dans l'eau bouillante afin de pouvoir les éplucher, coupez-les en quartiers.

- Lavez les mûres et les groseilles, égrappez-les. Mettez tous les fruits dans un plat beurré, allant au four, arrosez de jus de citron, saupoudrez de 50 g de sucre.

- Préchauffez le four Th. 7 (210°C).

- Dans un saladier, mélangez le reste de sucre avec la farine et le sel, incorporez le beurre coupé en petits morceaux : faites un mélange grossier sans trop travailler. Recouvrez les fruits de cette pâte.

- Enfournez et laissez cuire jusqu'à ce que la croûte soit dorée, environ 40 mn.

- Servez tiède avec de la crème fraîche.

Le conseil

On trouve généralement les pêches de vigne en fin de saison. Vous pouvez, sans problème, les remplacer par des pêches blanches.

PRÉPARATION 20 mn

CUISSON 40 mn

FACILE

RAISONNABLE

Le Vin
Val de Loire Blanc

Saumur

desserts variés

FIGUES AU COULIS DE FRAMBOISES

6 à 8 personnes

12 figues bien mûres
200 g de framboises
100 g de sucre
Semoule

Sirop

- Dans une casserole, amenez à ébullition 10 cl d'eau et le sucre. Baissez le feu et laissez frémir 3 mn environ jusqu'à ce que le mélange soit sirupeux. Laissez refroidir.

Coulis de framboises

- Réservez une vingtaine de belles framboises pour la décoration et mixez le reste. Tamisez la purée obtenue pour enlever les grains. Mélangez la purée et le sirop refroidi et mettez au réfrigérateur pendant 3 h.

- Lavez les figues, coupez-les en quatre. Recouvrez d'un film plastique pour empêcher l'oxydation et mettez au frais.

- Au moment de servir, versez un peu de coulis de framboises dans chaque assiette et disposez les figues dessus.

- Décorez de quelques framboises et de feuilles de menthe. Servez immédiatement.

Le conseil

En passant rapidement les figues saupoudrées de sucre glace au gril, vous obtiendrez un chaud et froid.

PRÉPARATION
15 mn

CUISSON
3 mn

RÉFRIGÉRATION
3 h

FACILE

RAISONNABLE

Le Vin
Vallée du Rhône
Rouge

Cornas

desserts variés

FLAN À LA MOUSSE DE PÊCHES

4 personnes

5 pêches jaunes
1 noix de beurre
3 œufs
50 g de farine
25 cl de lait
100 g de sucre en poudre
+ 1 cuillère à soupe
1 cuillère à soupe de sucre glace
1/2 cuillère à café de vanille en poudre

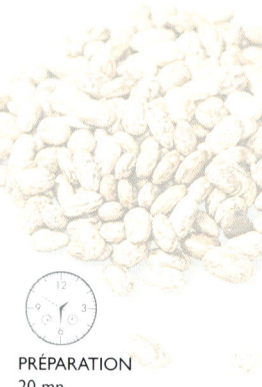

PRÉPARATION
20 mn

CUISSON
35 mn

RÉFRIGÉRATION
2 h

FACILE

RAISONNABLE

Le Vin
Vallée du Rhône
Blanc

Crozes-Hermitage

desserts variés

■ Pelez 4 pêches, retirez le noyau et mixez la chair en purée. Incorporez 1 cuillère de sucre en poudre.

■ Préchauffez le four Th. 6/7 (190°C).

■ Dans une jatte, battez les œufs en omelette, ajoutez en une seule fois le sucre en poudre et la farine. Mélangez en tournant à partir du centre avec une cuillère en bois jusqu'à ce que la pâte soit bien homogène et sans grumeaux.

■ Versez le lait en filet tout en tournant puis ajoutez la purée de pêches et la poudre de vanille. Versez la préparation dans un moule en porcelaine ou en verre à feu beurré, de 20 cm de diamètre.

■ Faites cuire 35 mn. Laissez refroidir complètement avant de placer le flan au réfrigérateur 2 h minimum.

■ Au moment de servir, lavez la dernière pêche, essuyez-la et coupez-la en deux. Retirez le noyau et détaillez chaque moitié en tranches fines. Saupoudrez le dessus du gâteau de sucre glace et décorez avec les lamelles de pêches.

Le conseil

Pour vérifier la cuisson du flan, piquez-le avec la pointe d'un couteau, elle doit ressortir sèche.

GALETTE CHARENTAISE

4 personnes

250 g de farine
125 g de sucre +
1 cuillère à soupe
1 sachet de sucre vanillé
2 œufs
100 g de beurre mou +
10 g pour le moule

- Préchauffez le four Th. 6 (180°C).

- Dans une jatte, mélangez les sucres et les œufs. Fouettez jusqu'à ce que le mélange blanchisse. Ajoutez ensuite la farine en pluie, le beurre. Mélangez à nouveau.

- Versez la préparation dans un moule à manqué beurré. Saupoudrez de sucre et passez au four pendant 20 mn environ jusqu'à ce que la galette soit dorée.

- Servez froid.

Le conseil

Pour donner un peu plus de moelleux à la galette, ajoutez 1 cuillère à soupe de crème fraîche à la préparation.

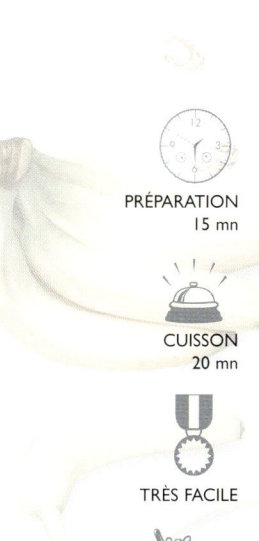

PRÉPARATION
15 mn

CUISSON
20 mn

TRÈS FACILE

BON MARCHÉ

le **Vin**
Champagne Rosé

Champagne

desserts variés

GÂTEAU AU YAOURT

6 personnes

1 yaourt nature
50 g de sucre en poudre
3 œufs
100 g de farine
50 g de maïzena
1 citron non traité
8 cl d'huile
60 g de poudre d'amandes
Sucre glace
Beurre et farine pour le moule

PRÉPARATION 25 mn

CUISSON 40 mn

FACILE

BON MARCHÉ

Le Vin
Languedoc-Roussillon Rouge

Blanquette de Limoux

desserts variés

- Allumez le four Th. 5 (150°C).

- Séparez les blancs des jaunes d'œufs. Réservez les blancs. Dans une jatte, mélangez intimement les jaunes d'œufs et le yaourt. Ajoutez l'huile, la maïzena, la farine et le zeste du citron râpé. Mélangez à nouveau.

- Montez les blancs en neige avec une pincée de sucre au départ. Fouettez et ajoutez, à mi-opération, le reste du sucre et continuez de fouetter pour les affermir. Incorporez-les délicatement à la préparation.

- Versez dans un moule à baba beurré et fariné. Faites cuire pendant 40 mn en vérifiant la cuisson à l'aide d'une lame de couteau.

- Laissez refroidir avant de démouler.

- Poudrez de sucre glace et décorez d'amandes effilées.

Le conseil

Coupez de fines rondelles dans le citron restant. Faites-les pocher dans un sirop quelques minutes puis égouttez. Vous pouvez les utiliser pour décorer le gâteau.

28

GÂTEAU AUX POMMES

10 à 12 personnes

1 kg de pommes à cuire, non pelées et finement hachées
12 cl de jus d'orange non sucré
1 cuillère à café de cannelle moulue
250 g de sucre
125 g de beurre
4 œufs battus
4 cuillères à soupe de lait
750 g de farine à pâtisserie tamisée
2 cuillères à café de levure
1 pincée de sel
2 cuillères à café d'essence de vanille
2 cuillères à soupe de cassonade

- Préchauffez le four Th. 6 (180°C). Mélangez les pommes, la moitié du jus d'orange et la cannelle dans un bol. Réservez.

- Battez le sucre et le beurre au batteur électrique à vitesse moyenne, jusqu'à consistance crémeuse (pendant environ 5 mn). Incorporez les œufs en battant pendant environ 5 mn.

- Dans un petit bol, mélangez le reste du jus d'orange et le lait. Réservez.

- Dans un autre bol, mélangez la farine, la levure et le sel. À l'aide du batteur électrique à basse vitesse, ajoutez ce mélange à la préparation d'œufs en alternant avec le mélange de lait. Incorporez la vanille en battant toujours.

- Déposez la moitié de la pâte dans un moule en forme de couronne de 25 cm de diamètre préalablement graissé. Disposez-y la moitié du mélange de pommes puis le reste de la pâte et enfin le reste des pommes. Saupoudrez de cassonade.

- Faites cuire au four pendant environ 1 h jusqu'à ce qu'une fourchette piquée au centre du gâteau en ressorte sèche. Laissez refroidir pendant une dizaine de minutes avant de démouler.

Le conseil

Les meilleures pommes pour préparer le gâteau sont les pommes à cidre.

PRÉPARATION
20 mn

CUISSON
1 h

FACILE

BON MARCHÉ

le Vin
Val de Loire Blanc

Muscadet-sur-Lie

desserts variés

GÂTEAU BASQUE

6 personnes

Pâte
250 g de farine
200 g de beurre
200 g de sucre en poudre
3 œufs
Le jus d'1 orange
1 petit verre à liqueur de Calvados
1 pincée de sel
20 g de beurre pour le moule
1 jaune d'œuf

Crème pâtissière
1/4 l de lait
1 gousse de vanille
2 œufs
60 g de sucre en poudre
1 cuillère à soupe de farine

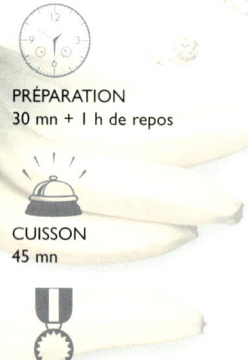

PRÉPARATION
30 mn + 1 h de repos

CUISSON
45 mn

FACILE

BON MARCHÉ

Le Vin
Sud-Ouest Blanc

Iroleguy

desserts variés

30

- Coupez le beurre en petits morceaux et mettez-le quelques instants dans une casserole au bain-marie pour le faire ramollir.

- Dans le bol du mixeur, mettez un œuf entier, 2 jaunes et le sucre et battez quelques minutes pour obtenir une crème lisse et mousseuse. Ajoutez alors le beurre, la farine, le sel, le jus d'orange et la liqueur, battez encore quelques minutes pour obtenir une pâte un peu ferme. Laissez reposer 1 h au réfrigérateur.

- Préchauffez le four Th. 5/6 (170°C).

- Pendant ce temps préparez la crème pâtissière : portez à ébullition le lait et la gousse de vanille. Battez ensemble les œufs, le sucre et la farine, versez dessus un peu de lait chaud, mélangez bien puis reversez dans la casserole (ôtez la gousse de vanille). Remettez à feu doux tout en mélangeant à la cuillère en bois, arrêtez au premier bouillon.

- Beurrez un moule à tarte. Abaissez la pâte sur 1/2 cm d'épaisseur, découpez 2 ronds, l'un plus grand que l'autre, garnissez le moule du plus grand rond en laissant la pâte dépassée des bords. Versez la crème pâtissière froide puis recouvrez du 2ème rond.

- Passez un peu d'eau sur le tour de la pâte puis pincez les deux bords ensemble pour bien les souder.

- Diluez le jaune d'œuf avec un peu d'eau et enduisez la surface de la pâte de cette préparation. À l'aide d'une fourchette, décorez le dessus du gâteau. Mettez au four pendant 45 mn.

Le conseil

Si vous n'aimez pas le parfum du Calvados, vous pouvez le remplacer par un alcool de votre goût (Armagnac, rhum, Izarra…).

GÂTEAU BRIOCHÉ AUX RAISINS

6 personnes

5 œufs
1 grappe de raisins
1 verre à liqueur de Muscat
200 g de sucre
200 g de farine
50 g de beurre
1 sachet de sucre vanillé

- Séparez les blancs des jaunes d'œufs. Ajoutez aux jaunes le sucre vanillé, la liqueur et le sucre et battez le tout jusqu'à ce que le mélange blanchisse. Ajoutez la farine. Faites fondre le beurre et laissez-le refroidir.

- Montez les blancs en neige ferme. Incorporez à la pâte les blancs puis ajoutez doucement le beurre fondu en prenant soin de ne pas les faire retomber.

- Préchauffez le four Th. 5 (150°C).

- Lavez les grains de raisin et incorporez-les à la préparation.

- Beurrez un moule à charlotte et versez la pâte.

- Enfournez 15 mn environ puis prolongez la cuisson pendant 45 mn à Th. 4 (120°C).

- Démoulez sur une grille et laissez refroidir.

Le conseil

Pour vérifier la cuisson, plongez la lame d'un couteau dans le gâteau. S'il est cuit, la lame doit ressortir sèche.

PRÉPARATION 20 mn

CUISSON 1 h

FACILE

BON MARCHÉ

le Vin
Bordeaux Blanc

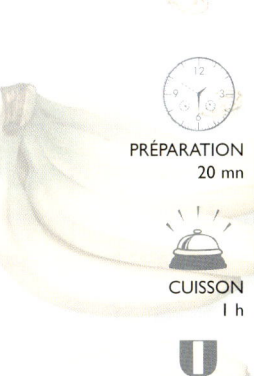

Sainte Croix du Mont

desserts variés

GÂTEAU DE SAVOIE

6 personnes

7 œufs
100 g de farine
150 g de sucre semoule
30 g de sucre cristallisé
100 g de fécule
1 noix de beurre
1/2 citron
1 cuillère à soupe d'eau

PRÉPARATION
20 mn

CUISSON
50 mn

FACILE

BON MARCHÉ

Le Vin
Savoie Blanc

Seyssel

- Cassez les œufs, séparez les blancs des jaunes.

- Dans un saladier, battez les blancs en neige ferme avec le jus du demi-citron. Fouettez les jaunes en ajoutant le sucre semoule jusqu'à ce que les jaunes blanchissent. Incorporez 1 cuillère à soupe d'eau, la fécule et la farine en fouettant énergiquement. Versez délicatement ce mélange sur les blancs en neige en remuant à la cuillère en bois du bas vers le haut.

- Beurrez un moule à gâteau de Savoie et saupoudrez de sucre cristallisé. Versez la pâte, le moule doit être plein à 1/3.

- Cuisez 35 à 50 mn à four très doux selon la taille du moule.

Le conseil

Pour contrôler, plantez une lame de couteau, elle doit ressortir sèche.

desserts variés

GÂTEAU DE SEMOULE AUX FRUITS ROUGES

6 personnes

150 g de semoule de blé dur
200 g de fruits rouges (framboises, fraises des bois, cassis, groseilles,...)
120 g de sucre en poudre
100 g de crème fraîche épaisse
3/4 l de lait
1 cuillère à café de rhum

PRÉPARATION
20 mn

CUISSON
10 mn

RÉFRIGÉRATION
6 h

TRÈS FACILE

RAISONNABLE

- Dans une casserole, portez le lait à ébullition. Ajoutez le sucre et faites-le fondre. Ajoutez le rhum, versez la semoule en pluie et tournez 4 à 5 mn jusqu'à ce que le mélange épaississe. Incorporez la crème puis retirez du feu. Laissez refroidir.

- Ajoutez les fruits dans cette préparation et mélangez très délicatement pour ne pas les casser.

- Versez la semoule tiède dans un moule à savarin. Lissez la surface avec une spatule humidifiée. Laissez reposer au réfrigérateur 6 h.

- Démoulez le gâteau juste avant de servir.

Le conseil

Passez le moule sous l'eau très froide ou mettez-le quelques minutes au congélateur puis versez la semoule tiède, vous pourrez démouler le gâteau plus facilement.

le Vin
Champagne

Champagne 1/2 Sec

desserts variés

GÂTEAU ROULÉ AUX NOIX

6 personnes

Génoise
100 g de farine
200 g de sucre en poudre
1 sachet de sucre vanillé
5 œufs
Beurre et farine pour la plaque du four

Crème aux noix
150 g de cerneaux de noix
60 g de farine
120 g de sucre
3 œufs
1/2 l de lait

PRÉPARATION 30 mn

CUISSON 20 mn

RÉFRIGÉRATION 2 h

FACILE

RAISONNABLE

Le Vin
Savoie Blanc 
Seyssel

- Préchauffez le four Th. 7 (210°C).

- Préparez la génoise : séparez les jaunes des blancs d'œufs. Mettez les jaunes et la moitié du sucre dans une jatte, fouettez avec un batteur électrique jusqu'à ce que le mélange devienne mousseux et blanchisse légèrement. Incorporez alors la farine. Fouettez les blancs d'œufs en neige ferme avec une pincée de sel. À mi-opération, ajoutez le sucre vanillé et le sucre restant. Incorporez délicatement les blancs en neige au mélange précédent.

- Beurrez et farinez la plaque métallique du four puis étalez-y la préparation sur une épaisseur de 1 cm environ. Mettez au four et laissez cuire 10 mn. Lorsque le gâteau est cuit, recouvrez-le d'un torchon humide et laissez tiédir.

- Préparez la crème aux noix : mixez les cerneaux de noix (gardez en quelques-uns pour le décor) avec le lait. Mettez le tout dans une casserole et portez à ébullition. Dans un saladier, battez les œufs et le sucre. Ajoutez la farine tamisée. Mélangez. Ajoutez le tout au lait, mélangez bien et faites cuire à feu doux pendant environ 10 mn jusqu'à ce que la crème épaississe. Laissez refroidir. Pendant ce temps, détâchez le gâteau de la plaque avec une spatule, posez-le bien à plat sur le plan de travail. Nappez de crème aux noix puis roulez la génoise sur elle-même. Mettez au frais pendant 2 h au moins.

Le conseil

Avant de battre les blancs en neige, pour être sur de bien les réussir, ajoutez une pincée de sel ou un filet de citron.

desserts variés

GRATIN DE PAMPLEMOUSSES

6 personnes

3 pamplemousses roses
150 g de poudre d'amandes
100 g de beurre mou
150 g de sucre en poudre
1 grosse cuillère à soupe de farine
2 cuillères à soupe de crème fraîche liquide
2 œufs

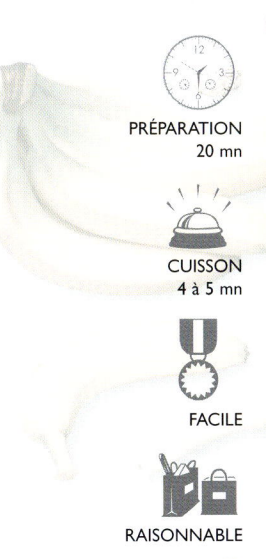

- Préchauffez le four en position gril. Enlevez la peau des pamplemousses et détachez les quartiers sans les abîmer. Retirez délicatement les peaux et membranes blanches. Disposez les quartiers de pamplemousses dans 6 plats à gratin individuels.

- Dans un grand saladier, battez au fouet le beurre, la poudre d'amandes, la farine et le sucre en poudre. Ajoutez la crème fraîche et les œufs sans cesser de battre. Répartissez cette crème sur les quartiers de pamplemousse.

- Enfournez à mi-hauteur du four et laissez gratiner jusqu'à obtention d'une belle couleur dorée. Servez dès la sortie du four.

Le conseil

Vous pouvez, si vous aimez, parfumer la crème avec une liqueur à votre goût (Grand Marnier, rhum, Armagnac).

PRÉPARATION
20 mn

CUISSON
4 à 5 mn

FACILE

RAISONNABLE

Le Vin
Alsace Blanc

Gewurztraminer

desserts variés

JALOUSIE AUX NECTARINES

4 personnes

4 nectarines bien mûres
40 g de beurre
1 œuf
40 g d'amandes en poudre
300 g de pâte feuilletée
3 cuillères à soupe de confiture d'abricots

PRÉPARATION
30 mn

CUISSON
30 mn

ASSEZ DIFFICILE

RAISONNABLE

Le Vin
Vallée du Rhône
Rosé

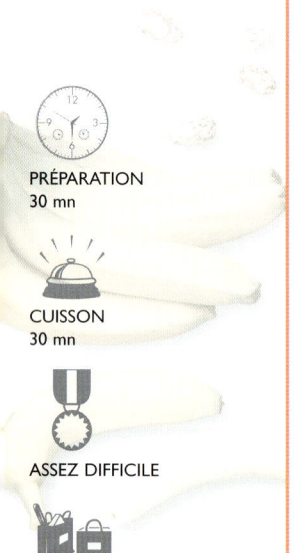

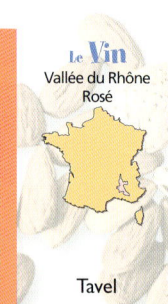

Tavel

desserts variés

- Lavez les nectarines. Fendez-les en deux et retirez le noyau. Détaillez les fruits en quartiers de 1 cm d'épaisseur.

- Préchauffez le four Th. 7 (210°C). Divisez la pâte en deux morceaux soit 2/3 pour le dessous et 1/3 pour le dessus. Étalez le dessous en un rectangle de 30 cm x 15 cm.

- Étalez le dessus aux mêmes dimensions, sur une plaque de carton farinée ou une tôle sans bords (de façon à faire glisser la pâte lors de la couverture), et taillez à l'intérieur de ce rectangle, en commençant et en vous arrêtant à 1 cm du bord, des lanières de 1 cm de large.

- Sur la base, étalez 3 cuillères à soupe de confiture d'abricots en laissant 1,5 cm sec, sur le pourtour, afin de le souder lors de la finition. Répartissez les quartiers de nectarines, saupoudrez-les d'amandes et déposez çà et là le beurre coupé en petits morceaux.

- Dans un bol, battez un jaune d'œuf avec 3 cuillères à soupe d'eau. Badigeonnez-en le bord de la base sans excès, car les coulures empêcheraient la pâte de monter.

- Posez le couvercle sur les fruits en faisant glisser la pâte sur la base et appuyez fortement sur les bords pour les souder. Coupez net les coulures et les bords afin qu'ils montent sans difficulté. Dorez le dessus à l'œuf et faites cuire 30 mn.

Le conseil

Vous pouvez déguster ce dessert tiède ou froid, accompagné ou non de crème fraîche.

MILLE-FEUILLE AUX POIRES

4 personnes

35 cl de bière
10 cl de sirop d'érable
4 poires pelées et épépinées
250 g de pâte feuilletée
1 œuf moyen
2 cuillères à soupe de cacao en poudre
+ 1 cuillère
125 g de chocolat fondu
75 g de crème fouettée
Coulis de framboises du commerce

PRÉPARATION 25 mn
CUISSON 10 mn
RÉFRIGÉRATION 10 mn
ASSEZ DIFFICILE
RAISONNABLE

- Dans une casserole, amenez la bière et le sirop d'érable à ébullition. Réduisez de moitié et incorporez les poires. Laissez mijoter à couvert de 4 à 5 mn. Retirez les poires et réservez le jus.

- Préchauffez le four Th. 6 (180°C). Sur une planche de travail, abaissez la pâte feuilletée très mince, piquez avec une fourchette et coupez-la en 12 rectangles de 10 cm par 5 cm. Déposez sur 1 ou 2 plaques à biscuits graissées et cuisez au four 5 mn environ. Retirez du four et badigeonnez du jus de cuisson des poires. Remettez au four et poursuivez la cuisson de 4 à 5 mn.

- Dans un bol, mélangez l'œuf, la poudre de cacao et le chocolat fondu. Laissez refroidir au réfrigérateur de 5 à 10 mn pour que la crème puisse prendre sans être trop dure. Incorporez la crème fouettée et les poires émincées en fines tranches. Mélangez à la spatule ou à la cuillère de bois.

- Garnissez 4 rectangles de pâte avec un peu de préparation aux poires, couvrez chacun d'eux d'un autre rectangle de pâte et d'une couche de préparation. Finissez par un dernier rectangle de pâte et saupoudrez chaque mille-feuille avec la poudre de cacao restante. Servez accompagné du coulis de framboises.

Le Vin
Languedoc-Roussillon
Rouge

Banyuls

desserts variés

ŒUFS À LA NEIGE

4 personnes

5 œufs
225 g de sucre
1/2 l de lait
1 gousse de vanille
25 g d'amandes effilées

PRÉPARATION
15 mn

CUISSON
10 mn

RÉFRIGÉRATION
1 h

ASSEZ DIFFICILE

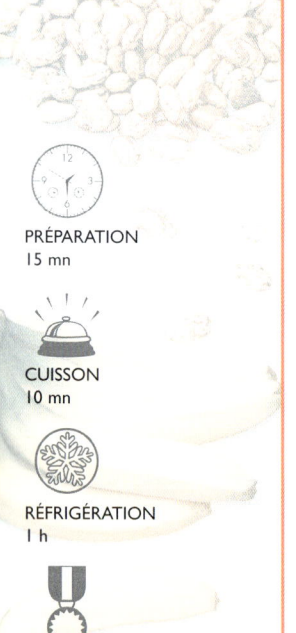

BON MARCHÉ

le Vin
Languedoc-Roussillon
Rouge

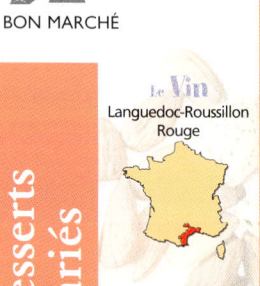

Maury

desserts variés

- Faites bouillir le lait avec la gousse de vanille fendue en deux dans la longueur, baissez le feu.

- Cassez les œufs, séparez les blancs des jaunes. Fouettez les blancs en neige avec une cuillère à soupe de sucre pour les affermir. Préparez de grosses quenelles à l'aide d'une cuillère à soupe, que vous poserez sur une grande feuille de papier sulfurisé mouillé, installée à côté de la casserole de lait.

- Faites pocher les quenelles 1 mn dans le lait à peine frémissant en les retournant. Égouttez-les sur un linge propre.

- Travaillez les jaunes d'œufs avec 125 g de sucre dans une jatte pour obtenir une crème blanche et mousseuse.

- Filtrez le lait au-dessus de la jatte, mélangez et reversez dans la casserole.

Faites chauffer le mélange sur feu doux jusqu'à ce que la crème nappe la cuillère. Versez la crème anglaise dans un plat de service creux, laissez refroidir.

- Faites un caramel avec le sucre restant et un peu d'eau. Posez les blancs sur la crème, parsemez d'amandes effilées et versez le caramel en formant de longs filaments sur le dessus. Placez au frais 1 h.

Le conseil

Faites cuire les blancs d'œufs 3 par 3 dans le lait.

PAIN D'ÉPICES MAISON

6 personnes

500 g de farine
500 g de miel liquide
30 g de cassonade
25 cl de lait
60 g d'écorces d'oranges confites
25 g d'amandes effilées
1 cuillère à café de gingembre en poudre
1/2 cuillère à café de cannelle en poudre
1/2 cuillère à café de d'anis en poudre
2 pincées de quatre-épices
1 cuillère à soupe d'eau de fleurs d'oranger
1/2 cuillère à café de sel
Beurre et farine pour le moule

- Allumez le four Th. 5 (150°C).

- Chemisez un moule à cake de papier sulfurisé, grassement beurré et fariné.

- Détaillez les écorces d'oranges confites en tous petits dés réguliers.

- Faites chauffer le lait avec le miel, jusqu'à complète dissolution. Laissez infuser quelques instants.

- Dans une grande jatte, tamisez la farine, le sel et le bicarbonate. Ajoutez la cassonade, les épices, la fleur d'oranger. Délayez avec le lait chaud et travaillez jusqu'à ce que la pâte soit homogène. Ajoutez les écorces d'oranges confites.

- Versez la pâte dans le moule, égalisez la surface et tracez un sillon au milieu sur la longueur. Décorez d'amandes effilées. Faites cuire 1 h 15 puis sortez du four en laissant reposer 5 mn avant de démouler. Laissez refroidir complètement sur une grille.

Le conseil

Ajoutez 1 cuillère à café de bicarbonate de soude, le pain d'épices sera plus léger et plus digeste.

PRÉPARATION
30 mn

CUISSON
1 h 15

FACILE

RAISONNABLE

Le Vin
Languedoc-Roussillon
Rouge

Muscat de Rivesaltes

desserts variés

PAIN PERDU ET ZESTES D'ORANGES

4 personnes

4 œufs
50 cl de lait
1 cuillère à soupe d'eau de fleurs d'oranger
2 cuillères à soupe de beurre
8 tranches de pain de mie
Zeste de 2 oranges
Zeste de 2 citrons verts
275 g de sucre glace
Fruits frais, au goût
Coulis de framboises du commerce

PRÉPARATION
15 mn

CUISSON
5 mn

TRÈS FACILE

BON MARCHÉ

Le Vin
Val de Loire Blanc

Vouvray

desserts variés

■ Dans un grand bol, mélangez bien au fouet ou au batteur les œufs, le lait, 250 g de sucre glace et l'eau de fleurs d'oranger.

■ Dans une poêle anti-adhésive, faites fondre le beurre. Trempez une tranche de pain de mie dans la préparation aux œufs et faites dorer à la poêle. Répétez l'opération pour les autres tranches de pain.

■ Au moment de servir, saupoudrez du reste de sucre glace. Garnissez des zestes d'agrumes. Accompagnez d'une brochette de fruits frais et de coulis de framboises.

Le conseil

Coupez les tranches de pain de mie dans la diagonale, les parts seront moins grosses et paraîtront plus digestes.

40

PÊCHE À LA FONDUE DE PÊCHES

4 personnes

6 pêches blanches fraîches
1 grosse boîte de pêches au sirop
200 g de miel liquide
15 g de grains de genièvre
Une douzaine de feuilles de menthe

- Lavez la menthe.

- Égouttez les pêches au sirop puis mixez-les avec la menthe (gardez quelques feuilles pour la décoration) dans un robot afin d'obtenir une compote.

- Épluchez les 4 pêches fraîches. Dans une grande casserole, versez 1 l d'eau froide et le miel liquide. Ajoutez les grains de genièvre. Portez à ébullition.

- À l'aide d'une écumoire, plongez les pêches dans le sirop et laissez-les cuire à feu doux pendant 30 mn.

- Au terme de leur cuisson, laissez refroidir les pêches dans leur sirop. Retirez-les ensuite avec l'écumoire.

- Épluchez les 2 pêches restantes, coupez-les en tranches. Disposez dans chaque assiette une pêche pochée entourée de compote. Décorez de feuilles de menthe et ajoutez quelques tranches de fruits.

Le conseil

Vous pouvez préparer également cette recette avec des abricots.

PRÉPARATION 20 mn
CUISSON 30 mn
TRÈS FACILE
RAISONNABLE

le Vin
Vallée du Rhône Rosé 
Tavel

desserts variés

POIRES AU MIEL ET CRÈME ANGLAISE

4 personnes

1/4 de tasse de miel
1/4 de tasse de gelée de pomme ou abricot
2 cuillères soupe de jus d'orange
4 poires mûres
2 cuillères à soupe de jus de citron
4 feuilles de papier d'aluminium
8 feuilles de menthe pour la décoration

Crème anglaise

1 tasse 1/2 de lait
1 cuillère à café d'essence de vanille
1 cuillère à café de liqueur de mûre
4 œufs
1/2 tasse de sucre cristallisé

PRÉPARATION
25 mn

CUISSON
15 mn

FACILE

RAISONNABLE

Le Vin
Val de Loire Blanc

Côteaux du Layon

desserts variés

- Préchauffez le four Th. 6 (180°C).

- Dans une casserole, chauffez légèrement le miel, la gelée de pomme ou d'abricot et le jus d'orange, réservez.

- Épluchez les poires et arrosez-les de jus de citron. Déposez-les sur les feuilles d'aluminium et nappez de sauce au miel. Refermez en papillote et cuisez au four, à feu moyen, 15 mn.

- Dans une casserole, chauffez le lait, l'essence de vanille et la liqueur de mûre.

- Au bain-marie, mélangez les œufs et le sucre, incorporez le lait chaud. Chauffez en mélangeant jusqu'à ce que la crème nappe le dos d'une cuillère en bois.

- Dressez les poires sur assiettes, nappez de sauce anglaise et décorez de feuilles de menthe.

Le conseil

Si vous manquez de temps, achetez de la crème anglaise toute faite. On en trouve dans toutes les grandes surfaces.

POIRES AU CASSIS

4 personnes

4 poires
1/2 bouteille de Sauternes
1 gousse de vanille
1/2 citron
Sirop de cassis
Zeste d'1 citron
Menthe

Sorbet au cassis

1 kg de baies de cassis
1/2 l de bourgogne rouge
1/4 l d'eau
200 g de sucre
1 citron pressé
4 cuillères à soupe de crème de cassis

PRÉPARATION 20 mn

CUISSON 10 mn

RÉFRIGÉRATION 6 h

FACILE

RAISONNABLE

Le Vin
Bordeaux Blanc

Sauternes

desserts variés

- Préparez le sorbet : faites un sirop avec l'eau et le sucre. Plongez dans une casserole d'eau bouillante les grains de cassis. Laissez bouillonner jusqu'à ce que les grains soient tendres. Faites une purée du cassis et passez-la au tamis.

- Mélangez la purée de cassis, le jus de citron, le vin, le sirop, la crème de cassis et placez au congélateur au moins 6 h, en remuant régulièrement.

- Épluchez les poires sans les couper et citronnez-les pour éviter l'oxydation.

- Faites chauffer le Sauternes dans une grande casserole avec le zeste du citron et la gousse de vanille fendue en deux dans la longueur. Laissez cuire les poires 5 à 7 mn puis égouttez-les. Laissez refroidir puis coupez-les en deux dans le sens de la longueur.

- Présentez les poires dans des coupes individuelles accompagnées de sorbet et nappées de sirop au cassis. Décorez de feuilles de menthe.

Le conseil

Pour éviter les cristaux dans les sorbets, utilisez une sorbetière.

POIRES AU VIN EN COROLLES

4 personnes

- 4 grosses poires
- 4 feuilles de brick
- 3 cl de vin rouge (Brouilly)
- 3 cuillères à soupe de sirop de grenadine
- 1 cuillère à café de cannelle en poudre
- 100 g de sucre
- 30 g de beurre

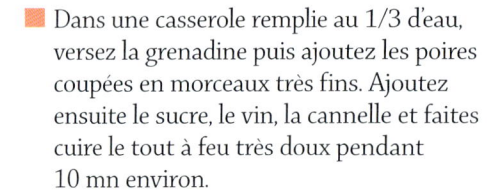

■ Dans une casserole remplie au 1/3 d'eau, versez la grenadine puis ajoutez les poires coupées en morceaux très fins. Ajoutez ensuite le sucre, le vin, la cannelle et faites cuire le tout à feu très doux pendant 10 mn environ.

■ Faites chauffer votre four Th. 6 (180°C).

■ Pendant ce temps, déposez les feuilles de brick dans 4 ramequins enduits de beurre légèrement fondu puis badigeonnez les feuilles avec le beurre restant. Remplissez-les de lentilles et mettez-les environ 5 mn au four.

■ Au bout de ce temps, sortez-les. Videz les lentilles, retirez les feuilles de brick des ramequins et déposez-les sur les assiettes de service puis remplissez-les avec les poires soigneusement égouttées. Servez tiède.

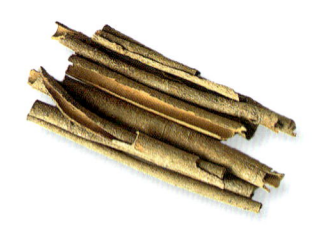

Le conseil

Buvez de préférence le même vin que celui qui a servi à la préparation du plat.

PRÉPARATION 20 mn

CUISSON 15 mn

FACILE

BON MARCHÉ

le Vin
Beaujolais Rouge

desserts variés

Brouilly

POMMES AUX FRUITS SECS ET À LA VANILLE

4 personnes

8 grosses pommes
125 g de sucre cristallisé
25 g de beurre
50 g de cerneaux de noix
50 g d'amandes entières
50 g de raisins secs
50 g de noisettes
1 gousse de vanille
1 cuillère à soupe de cannelle moulue

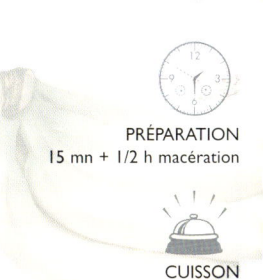

PRÉPARATION
15 mn + 1/2 h macération

CUISSON
20 mn

TRÈS FACILE

BON MARCHÉ

- Faites gonfler les raisins secs dans un bol d'eau chaude pendant 1/2 h. Égouttez.

- Pelez les pommes. Coupez-les en quatre en ôtant le trognon et coupez-les en lamelles épaisses.

- Dans une sauteuse, faites fondre le beurre. Ajoutez les pommes, saupoudrez de sucre et de cannelle. Mélangez doucement.

- Ajoutez la gousse de vanille fendue en deux et les fruits secs. Mélangez à nouveau et laissez cuire 20 mn à feu doux en remuant de temps en temps.

- Servez dans des coupelles individuelles.

Le conseil

Pour donner une petite touche québequoise à cette recette, vous pouvez remplacer la moitié du sucre par 15 cl de sirop d'érable.

le Vin
Sud-Ouest Blanc

Monbazillac

desserts variés

PRUNES POCHÉES À LA MENTHE

4 personnes

750 g de prunes
3 cuillères à soupe de sirop de fruits rouges ou de grenadine
2 dl d'eau
6 feuilles de menthe

PRÉPARATION
15 mn

CUISSON
10 mn

TRÈS FACILE

BON MARCHÉ

Le Vin
Jura Blanc

Arbois

desserts variés

- Lavez les prunes, coupez-les en deux et dénoyautez.

- Versez le sirop et l'eau dans une casserole. Mettez sur le feu jusqu'à ébullition, rajoutez les feuilles de menthe et les fruits, mélangez doucement pendant les 10 mn de cuisson.

- Égouttez les fruits et gardez-les dans une jatte. Faites épaissir le sirop et nappez-en les fruits.

Le conseil

Vous pouvez servir tiède ou frais simplement, ou avec une boule de glace ou de sorbet.

PUDDING AUX CERISES NOIRES

4 personnes

4 œufs
150 g de farine
25 cl de lait
175 g de sucre
1 cuillère à café d'essence de vanille
4 tranches de pain
400 g de cerises noires dénoyautées
75 g de gelée de pommes fondue avec 2 cuillères à soupe d'eau

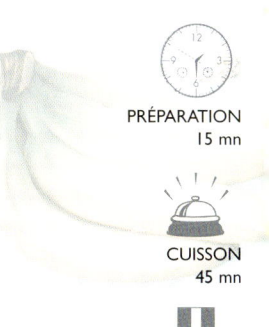

- Préchauffez le four Th. 6 (180°C).

- Dans un bol, mélangez les œufs, le lait, la farine, le sucre et l'essence de vanille. Réservez.

- Garnissez de tranches de pains de mie le fond d'un plat à tarte graissé. Garnissez de cerises noires et de leur jus.

- Recouvrez de la préparation aux œufs et cuisez au four 40 à 45 mn.

- Laissez refroidir et nappez de gelée de pommes.

Le conseil

Utilisez de préférence des restes de pain de mie rassis, il n'est pas nécessaire que le pain soit frais, au contraire.

PRÉPARATION 15 mn
CUISSON 45 mn
TRÈS FACILE
RAISONNABLE

Le Vin
Sud-Ouest Blanc

Jurançon

desserts variés

SABAYON DE NECTARINES

4 personnes

8 nectarines
1 dl de Muscat de Rivesaltes
6 jaunes d'œufs
100 g de sucre
5 à 6 feuilles de menthe
1/2 citron

■ Coupez les nectarines en quartiers, citronnez-les légèrement.

■ Hachez les feuilles de menthe.

■ Montez un sabayon de jaunes d'œufs avec la moitié du muscat et le sucre, au bain-marie, jusqu'à onctuosité.

■ Ajoutez alors la menthe hachée et le reste du muscat pour détendre légèrement le sabayon.

■ Disposez les quartiers de nectarines dans chaque assiette individuelle, nappez de sabayon et passez sous le gril du four pour obtenir une légère coloration.

■ Servez aussitôt.

Le conseil

Le dessert sera plus moelleux si vous faites pocher 2 à 3 mn les quartiers de nectarines dans un sirop fait avec 50 g de sucre et un verre d'eau.

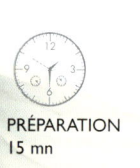

PRÉPARATION
15 mn

CUISSON
5 mn

FACILE

BON MARCHÉ

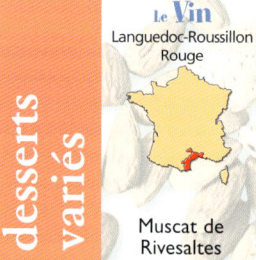

Le Vin
Languedoc-Roussillon
Rouge

Muscat de Rivesaltes

desserts variés

SALADE D'ORANGES AU MIEL ET À LA CANNELLE

4 personnes

5 oranges pelées à vif coupées en quartiers
1 cuillère à café d'eau de fleurs d'oranger
12 cl de miel liquide
1 pincée de cannelle
Amandes effilées et feuilles de menthe pour la décoration

- Dans un bol, mélangez les oranges avec l'eau de fleurs d'oranger, le miel et la cannelle.
- Couvrez et laissez macérer au réfrigérateur pendant 2 h.
- Servez dans des assiettes de service les quartiers d'oranges et décorez d'amandes effilées et de feuilles de menthe.

Le conseil

Si vous n'aimez pas la fleur d'oranger, remplacez-la par un alcool de votre goût.

PRÉPARATION
10 mn + 2 h macération

TRÈS FACILE

BON MARCHÉ

Le Vin
Languedoc-Roussillon
Rouge

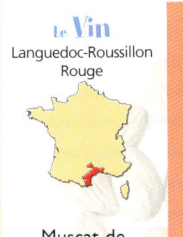

Muscat de Rivesaltes

desserts variés

SALADE DE FRUITS ROUGES EN COUPE

4 personnes

100 g de fraises
100 g de framboises
100 g de cerises
50 g de groseilles
50 g de cassis
1 bâton de cannelle
8 anis étoilée
1 citron vert
150 g de sucre

PRÉPARATION
20 mn

CUISSON
5 mn

TRÈS FACILE

RAISONNABLE

- Lavez tous les fruits, faites-les égoutter.

- Équeutez les fraises, égrappez les groseilles et dénoyautez les cerises. Coupez les fraises en deux ou quatre selon la grosseur. Mettez les fruits dans un compotier, saupoudrez avec 50 g de sucre et réservez au frais.

- Préparez le sirop avec le sucre restant, 1/4 l d'eau, le jus du citron vert et les épices.

- Laissez réduire à gros bouillons 5 mn puis refroidir.

- Lorsque le sirop est froid, versez-le sur les fruits.

- Garnissez chaque coupe individuelle de salade de fruits, servez très frais.

Le conseil

Vous pouvez, si vous aimez, ajouter 1 cuillère à soupe de liqueur de fleurs d'oranger pour parfumer la salade.

le Vin
Sud-Ouest Blanc

Monbazillac

desserts variés

SAVARIN À LA POIRE WILLIAMS

6 à 8 personnes

Savarin
- 3 jaunes d'œufs moyens
- 50 g de sucre
- 1 cuillère à soupe de lait
- 75 g de farine
- 1 sachet de levure en poudre
- 3 blancs d'œufs moyens, montés en neige

Sirop à la poire
- 25 cl d'eau
- 125 g de sucre
- 5 cl de liqueur de poire

Crème à la poire
- 2 jaunes d'œufs moyens
- 75 g de sucre
- 25 cl de lait chaud
- 1 cuillère à soupe de fécule délayée dans un peu d'eau
- 250 g de crème fouettée
- 5 cl de liqueur de poires

Décoration
- 1 boîte de fruits mélangés ou 500 g de griottes égouttées

PRÉPARATION 35 mn

CUISSON 25 mn

ASSEZ DIFFICILE

RAISONNABLE

Le Vin
Alsace Blanc

Eau de Vie de Poire

Savarin

■ Préchauffez le four Th. 6 (180°C). Dans un bol, blanchissez les jaunes d'œufs et le sucre au batteur. Incorporez peu à peu le lait, la farine, la levure et les blancs d'œufs. Versez dans un moule graissé en forme de couronne. Cuisez au four de 20 à 25 mn. Refroidissez 5 mn et démoulez sur un plat de service. Réservez.

Sirop à la poire

■ Dans une casserole, amenez l'eau à ébullition. Ajoutez le sucre et la liqueur de poire. Laissez mijoter 2 mn en mélangeant. Versez sur le savarin encore chaud. Déposez au réfrigérateur et laissez refroidir.

Crème à la poire

■ Au bain-marie ou dans une casserole à feu très doux, mélangez les jaunes d'œufs et le sucre jusqu'à ce que le mélange blanchisse. Incorporez le lait chaud, la fécule et la liqueur de poire. Chauffez jusqu'à ce que le mélange épaississe. Laissez refroidir et ajoutez la crème. Mélangez bien. Versez la crème au centre du savarin et garnissez du mélange de fruits ou de griottes.

Le conseil

Vous pouvez procéder de la même façon pour des babas, qui sont des savarins individuels.

desserts variés

SOUFFLÉ GLACÉ AU CITRON

4 personnes

1,5 dl de jus de citron
150 g de sucre semoule
3 feuilles de gélatine
2 blancs d'œufs
1 dl de crème fraîche liquide très froide
2 sachets de sucre vanillé

PRÉPARATION
30 mn

RÉFRIGÉRATION
2 h

FACILE

BON MARCHÉ

Le Vin
Languedoc-Roussillon Rouge

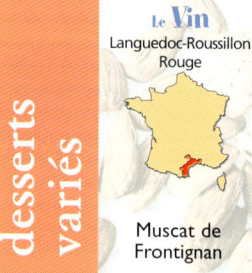

Muscat de Frontignan

desserts variés

- Mettez les feuilles de gélatine à tremper dans un bol d'eau froide.

- Portez à ébullition le jus de citron et le sucre pendant 1 mn. Hors du feu, ajoutez les feuilles de gélatine égouttées, mélangez bien.

- Réservez 5 mn au congélateur, le temps d'obtenir une gelée légère de la consistance d'un sirop.

- Dans un récipient bien froid, fouettez la crème liquide à vitesse moyenne pendant 1 mn puis à grande vitesse pour que la crème épaississe (8 mn environ). Ajoutez le sucre vanillé.

- Battez les blancs d'œufs en neige et incorporez-les à la crème chantilly. Ajoutez la gélatine en soulevant la masse avec une spatule.

- Chemisez l'extérieur des moules à soufflé individuels de papier sulfurisé. Faites-les dépasser du haut du moule de 2 cm environ. Maintenez le papier avec du ruban adhésif.

- Versez l'ensemble de la préparation dans les moules et réservez au réfrigérateur minimum 2 h avant dégustation.

Le conseil

Pour présenter, saupoudrez de sucre glace tamisé et ôtez le papier sulfurisé.

SOUPE DE MANGUE À LA MENTHE

4 personnes

2 belles mangues
2 cuillères à soupe de cassonade
Le jus d'1 citron
1 bouteille de Muscat d'Alsace
3 branches de menthe

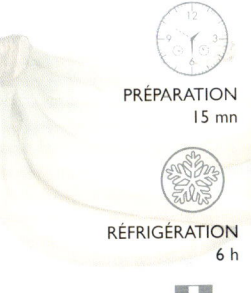

- Épluchez les mangues, coupez-les en deux et ôtez le noyau. Détaillez-les en grosses tranches.

- Dans un plat de service creux, disposez les mangues, saupoudrez-les de cassonade. Ajoutez la menthe ciselée (gardez quelques feuilles entières pour la décoration).

- Arrosez de jus de citron et de Muscat.

- Laissez macérer 6 h dans le réfrigérateur avant de servir.

Le conseil

L'épluchage des mangues étant délicat, choisissez plutôt des mangues au sirop pour cette recette.

PRÉPARATION
15 mn

RÉFRIGÉRATION
6 h

TRÈS FACILE

RAISONNABLE

Le **Vin**
Alsace Blanc

Muscat d'Alsace

desserts variés

TARTE À LA CONFITURE DE FRAISES

6 personnes

1 pot de confiture de fraises
250 g de pâte sablée
50 g d'amandes pilées
1 pincée de cannelle en poudre
1 pincée de poivre moulu
1 jaune d'œuf

PRÉPARATION 15 mn
CUISSON 35 mn
FACILE
BON MARCHÉ

Le Vin : Alsace Blanc
Crémant d'Alsace

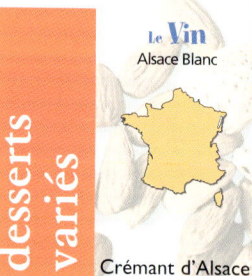

desserts variés

- Préchauffez le four Th. 7 (210°C).

- Étalez la pâte au rouleau et garnissez un moule à tarte.

- Étalez généreusement la confiture sur le fond de tarte. Saupoudrez de cannelle, d'amandes pilées et de poivre.

- Dans les chutes de pâte, découpez des lanières d'1 cm de large et disposez-les en croisillons sur la confiture. Dorez-les au pinceau avec 1 jaune d'œuf délayé avec un peu d'eau.

- Enfournez et laissez cuire 30 à 35 mn : la pâte doit être dorée.

- Servez tiède ou froid avec de la crème chantilly.

Le conseil

Si vous aimez le goût de la cannelle, ajoutez à la confiture quelques petits morceaux de bâton de cannelle.

TARTE À L'ANANAS ET À LA NOIX DE COCO

6 personnes

300 g de pâte sablée
250 g de noix de coco en poudre
150 g de semoule
50 g de raisins de Smyrne
2 dl de crème liquide
7 tranches d'ananas frais
2 œufs
1 sachet de sucre vanillé
Zeste d'1 citron vert

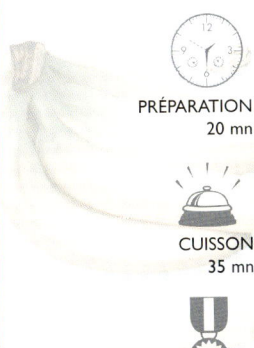

- Préchauffez le four Th. 7 (210°C).

- Beurrez un moule à tarte de 26 cm de diamètre.

- Battez les œufs en incorporant le sucre semoule jusqu'à ce que le mélange blanchisse. Tout en continuant à fouetter, incorporez la crème et la noix de coco. Pour finir, ajoutez le zeste de citron et les raisins.

- Étalez la pâte dans le moule, répartissez la préparation et disposez les tranches d'ananas. Poudrez avec le sucre vanillé. Faites cuire pendant 35 mn.

Le conseil

La noix de coco râpée peut être remplacée par de la noix de coco fraîche mais ajoutez à la préparation 2 cuillerées à café de farine après le sucre.

PRÉPARATION 20 mn
CUISSON 35 mn
FACILE
RAISONNABLE

Le Vin
Languedoc-Roussillon Rouge
Banyuls

desserts variés

TARTE AU CITRON

6 personnes

1 abaisse de pâte brisée
6 citrons
3 œufs
50 g de sucre
12 cl de lait
1 cuillère à soupe de beurre
1 cuillère à soupe de maïzena
1 cuillère à soupe de farine
2 cuillères à soupe de yaourt nature
2 cuillères à soupe de sucre glace
4 bouquets de citronnelle

PRÉPARATION 25 mn

CUISSON 20 mn

FACILE

RAISONNABLE

le Vin
Bordeaux Blanc
Sauternes

desserts variés

- Préchauffez le four Th. 6 (180°C).

- Foncez de pâte un moule à quiche. Piquez le fond de la pâte. Cuisez au four 20 mn et réservez.

- Prélevez le zeste de citrons (réservez un peu de zeste pour la garniture) en fines lanières. Déposez-le dans une casserole ainsi que le jus des citrons. Incorporez les œufs, le sucre, le lait et le beurre. Mélangez et chauffez à feu doux.

- Délayez la maïzena et la farine dans un peu d'eau et versez dans la casserole pour faire lier la crème de citron. Lorsqu'elle est assez épaisse, retirez la casserole du feu. Ajoutez le yaourt et mélangez bien. Garnissez le fond de tarte avec la crème de citron et saupoudrez de sucre glace. Placez au four sur le gril quelques minutes pour faire caraméliser.

- Décorez le dessus de tranches de citron, incisez au centre et tournez, puis garnissez de citronnelle et de fines lanières de zeste de citron. Servez tiède ou froid.

Le conseil

Vous pouvez également faire un panachage de citrons (jaunes et verts).

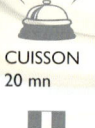

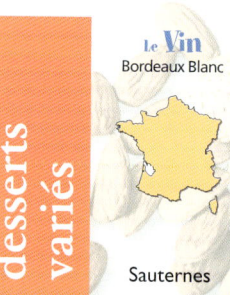

TARTE AUX MIRABELLES

6 personnes

3 pommes
750 g de mirabelles
1 cuillère à soupe d'eau-de-vie de mirabelle
3 cuillères à soupe de sucre en poudre
240 g de pâte feuilletée ou brisée
1 cuillère à soupe de lait
10 g de beurre

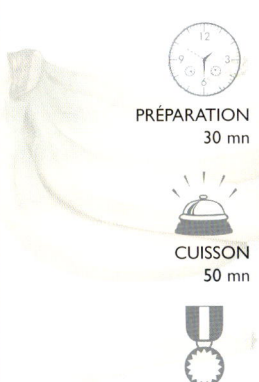

- Épluchez et épépinez les pommes, émincez-les. Dans une casserole, avec 3 cuillères à soupe d'eau, faites cuire les pommes à feu doux, à couvert, pendant 10 à 12 mn en remuant souvent. Ajoutez l'eau-de-vie et 2 cuillères à soupe de sucre, puis écrasez en purée fine et laissez refroidir.

- Préchauffez le four Th. 7 (210°C). Lavez et dénoyautez les mirabelles. Étalez finement la pâte, garnissez-en un moule beurré. Étalez la compote sur le fond de tarte, disposez les mirabelles sur la compote.

- Saupoudrez avec le sucre restant.

- Avec un pinceau, badigeonnez le bord de la pâte avec le lait. Cuisez au four 35 à 40 mn.

- Dégustez tiède ou froid.

Le conseil

Les mirabelles réduisent à la cuisson, disposez-les sur le fond de tarte en les faisant se chevaucher.

PRÉPARATION 30 mn

CUISSON 50 mn

FACILE

RAISONNABLE

le Vin
Alsace Blanc

Gewurztraminer

desserts variés

TARTE AUX MYRTILLES

8 à 10 personnes

4 à 5 tranches de pain de mie
4 œufs moyens
1/3 de tasse de sucre
50 cl de lait
1 cuillère à café de levure
1 cuillère à café d'essence de vanille
6 cl de liqueur de cassis
500 g de myrtilles

PRÉPARATION
20 mn

CUISSON
45 mn

TRÈS FACILE

RAISONNABLE

Le Vin
Bourgogne Blanc

Chambolles-Musigny

desserts variés

- Préchauffez le four Th. 6 (180°C). Faites griller légèrement les tranches de pain et déposez-les dans un moule à quiche de 23 cm de diamètre légèrement huilé. Réservez.

- Dans un bol, mélangez les œufs, le sucre, le lait, la levure et l'essence de vanille. Incorporez la liqueur de cassis et les myrtilles.

- Versez la préparation sur le pain et cuisez au four 40 à 45 mn.

Le conseil

Vous pouvez aussi préparer cette recette avec d'autres baies (cassis, groseilles…) ou avec un panachage de baies.

58

TARTE AUX DEUX PAMPLEMOUSSES

6 personnes

1 paquet de pâte sablée
1 pamplemousse jaune non traité
3 pamplemousses roses non traités
150 g de beurre
200 g de sucre
2 œufs

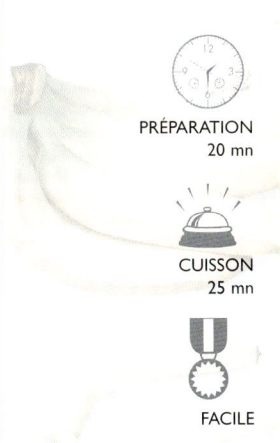

- Préchauffez le four Th. 6 (180°C).

- Étalez la pâte, garnissez-en un moule à tarte beurré et fariné. Piquez le fond et le bord avec une fourchette, couvrez d'une feuille de papier sulfurisé, garnissez de haricots secs et mettez au four 20 mn. Démoulez et laissez refroidir.

- Rincez un pamplemousse rose et prélevez-en le zeste. Coupez-le en fines lanières et mettez-le dans une casserole avec la moitié du sucre et un peu d'eau.

- Portez à ébullition et laissez confire à feu doux 20 à 25 mn puis égouttez.

- Extrayez le jus du pamplemousse, versez dans une casserole avec le reste du sucre, le beurre en noisettes et les œufs battus.

- Fouettez sur feu doux jusqu'à ce que le mélange épaississe. Laissez refroidir.

- Pelez les autres pamplemousses, détachez chaque quartier. Versez la crème au fond de la tarte, disposez harmonieusement les quartiers de pamplemousses et décorez avec le zeste. Servez frais.

Le conseil

Les pamplemousses jaunes sont beaucoup moins sucrés que les roses. Si vous préférez les pâtisseries sucrées ne mettez que des pamplemousses roses dans cette tarte.

PRÉPARATION 20 mn
CUISSON 25 mn
FACILE
BON MARCHÉ

Le Vin
Languedoc-Roussillon
Rouge

Muscat de Rivesaltes

desserts variés

TARTE AUX PÊCHES

10 personnes

Pain de Gênes
2 œufs
2 jaunes d'œufs
175 g de sucre
175 g de beurre
175 g de farine
75 g de fécule
1 pincée de sel
1 cuillère à café d'essence de vanille
175 g de poudre d'amandes
2 blancs d'œufs montés en neige

Nappage
500 g de myrtilles
25 cl de jus de myrtilles
175 g de sucre
1/2 sachet de gélatine, trempée dans 5 cuillères à soupe d'eau froide

Garniture aux pêches
1 grosse noix de beurre
5 à 6 pêches pelées, dénoyautées et coupées en tranches

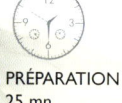

PRÉPARATION 25 mn

CUISSON 30 mn

ASSEZ FACILE

RAISONNABLE

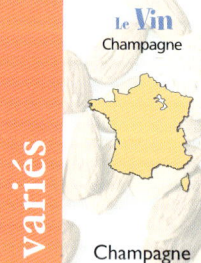

Le Vin
Champagne

desserts variés

Champagne

Pain de Gênes

- Préchauffez le four Th. 6 (180°C). Dans un bol, battez au robot les œufs, les jaunes d'œufs, le sucre jusqu'à ce que le mélange blanchisse. Ajoutez graduellement le beurre, la farine, la fécule, le sel et l'essence de vanille. Incorporez la poudre d'amandes et les blancs d'œufs montés en neige et mélangez doucement à la spatule.

- Versez dans un moule à tarte de 23 cm de diamètre graissé et fariné. Cuisez au four de 25 à 30 mn. Laissez refroidir.

Nappage

- Dans une casserole, amenez à ébullition les myrtilles, le jus de myrtilles, le sucre et la gélatine égouttée. Mélangez bien et laissez mijoter 5 mn à feu doux. Réduisez en purée au robot et passez au tamis. Versez les 3/4 du mélange sur le pain de Gênes.

Garniture aux pêches

- Dans une poêle, faites fondre la margarine et faites caraméliser les pêches avec le reste du nappage aux myrtilles. Garnissez le pain de Gênes de pêches.

Le conseil

Si vous préférez, vous pouvez remplacer les myrtilles par des groseilles.

TARTE AUX POMMES

6 personnes

1 cuillère à soupe de farine
300 g de pâte brisée
1 noix de beurre
4 œufs moyens
15 cl de crème fraîche épaisse
125 g de sucre
25 cl de jus de pomme
2 gousses de vanille, ouvertes et égrainées
600 g de pommes rouges, épépinées et coupées en tranches

- Préchauffez le four Th. 6 (180°C).

- Sur un plan de travail fariné, étalez la pâte au rouleau. Beurrez un moule à tarte et déposez-y la pâte. Mettez ensuite au réfrigérateur pendant 20 mn environ.

- Cassez les œufs et battez-les au robot avec la crème, le sucre et le jus de pommes. Incorporez les graines de vanille.

- Sortez la pâte du réfrigérateur et disposez les tranches de pommes dessus, recouvrez ensuite de la préparation.

- Déposez la tarte au four et laissez cuire pendant 40 à 45 mn.

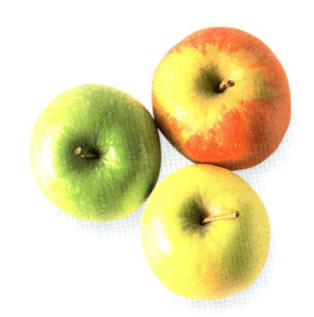

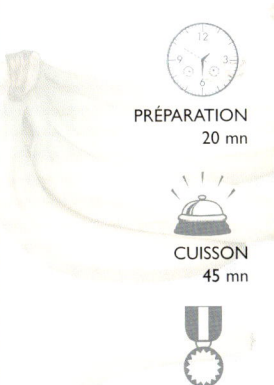

Le conseil

Servez la tarte tiède ou froide, avec de la crème fraîche.

PRÉPARATION
20 mn

CUISSON
45 mn

FACILE

RAISONNABLE

Le Vin
Jura Blanc

Vin de Paille

desserts variés

TARTE ÉTOILÉE AUX FRUITS D'ÉTÉ

4 à 6 personnes

250 g de pâte feuilletée
6 brugnons ou nectarines
1 barquette de fraises
1 barquette de framboises
1 figue
Sucre glace

PRÉPARATION
20 mn

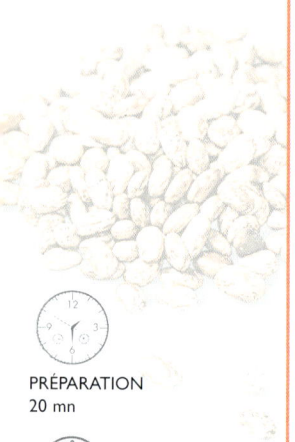

RÉFRIGÉRATION
40 mn

CUISSON
20 mn

ASSEZ DIFFICILE

RAISONNABLE

Le Vin
Val de Loire Rosé

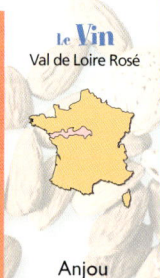

desserts variés

Anjou

- Étalez la pâte feuilletée. Découpez l'étoile avec un couteau.

- Posez dessus un cercle à flan. Garnissez-le d'un papier sulfurisé et de noyaux pour empêcher la pâte de monter au centre. Mettez 40 mn dans le congélateur.

- Préchauffez le four Th. 7 (210°C). Enfournez la tarte pour 10 mn.

Enlevez le cercle, le papier et les noyaux. Remplacez-les par les fruits en quartiers, saupoudrez de sucre glace, remettez au four jusqu'à ce que la pâte soit dorée.

- Terminez la garniture de la tarte avec les fraises en quartiers, les framboises, la figue ouverte en quatre placée au centre.

- Saupoudrez de sucre glace pour servir.

Le conseil

Pour faciliter le découpage en étoile, préparez un patron à la bonne dimension.

TARTE TATIN AU MIEL

4 personnes

300 g de pâte brisée
7 pommes à chair ferme
3 cuillères à soupe de miel
500 g de beurre

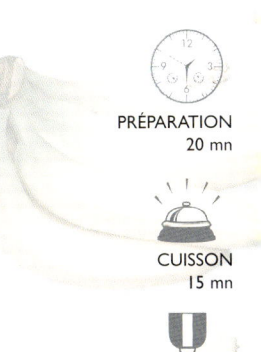

- Étalez le miel au fond du moule puis ajoutez le beurre en noisettes.

- Pelez les pommes, coupez-les en deux et ôtez le cœur. Disposez-les dans le moule, côté bombé sur le fond et mettez à feu doux sur une plaque électrique pendant 20 mn jusqu'à ce que les pommes soient caramélisées. Laissez refroidir.

- Préchauffez le four Th. 7 (210°C).

- Étalez la pâte, couvrez-en le moule en la faisant rentrer légèrement tout autour du moule.

- Mettez au four 15 mn, retournez la tarte sur un plat de service.

Le conseil

Servez tiède avec de la crème fraîche.

PRÉPARATION 20 mn
CUISSON 15 mn
FACILE
BON MARCHÉ

Le Vin
Sud-Ouest Blanc
Jurançon

desserts variés

TARTELETTES À LA RHUBARBE ET AUX FRAISES

6 personnes

- 250 g de pâte sablée
- 750 g de tiges de rhubarbe
- 150 g de fraises
- 200 g de sucre en poudre
- 1 citron

PRÉPARATION
15 mn

CUISSON
20 mn

FACILE

RAISONNABLE

Le Vin
Jura Blanc

Arbois

desserts variés

- Effilez la rhubarbe, lavez-la, coupez-la en tronçons de 2 cm.

- Faites cuire la rhubarbe avec le sucre et le jus de citron, 20 mn en remuant souvent, puis passez-la au mixeur. Laissez refroidir.

- Allumez le four Th. 7 (210°C).

- Étalez la pâte et foncez 6 moules à tartelettes. Piquez la pâte sur tous les bords, recouvrez de papier de cuisson et ajoutez des légumes secs. Faites cuire à sec 10 mn.

- Retirez le papier et les légumes secs, refaites cuire 8 à 10 mn. Laissez refroidir la pâte démoulée sur une grille.

- Au moment de servir, garnissez les fonds de pâte de compote de rhubarbe et répartissez les fraises.

Le conseil

Ajoutez un filet de jus d'orange dans la compote de rhubarbe pour exhaler les parfums.

TARTELETTES AUX POIRES ET AUX NOIX

4 personnes

350 g de pâte sucrée ou sablée
150 g de cerneaux de noix
3 poires
1 gousse de vanille
50 g de sucre
5 cl de liqueur de noix
Le jus d'1 citron
Beurre pour les moules à tartelettes

- Pelez et épépinez les poires, coupez la chair en petits cubes. Faites cuire à feu doux avec le sucre, la gousse de vanille fendue en deux, le jus de citron et la liqueur de noix. Couvrez et laissez cuire 30 mn.

- Allumez le four Th. 7 (210°C).

- Étalez la pâte sur 3 mn d'épaisseur. Garnissez-en les moules individuels beurrés. Piquez le fond et les bords avec une fourchette puis faites-les cuire 10 mn à blanc.

- Lorsque les fonds de tartelettes sont précuits, tartinez-les de compote de poires et répartissez les cerneaux de noix.

- Baissez le four à Th. 6 (180°C), remettez les tartelettes à cuire 10 mn.

- Servez tiède ou froid.

Le conseil

Quand vous devez faire cuire des fonds de tartes à blanc, vous pouvez les piquer avec une fourchette mais vous pouvez aussi les couvrir d'une feuille de papier alimentaire recouverte de légumes secs.

PRÉPARATION 25 mn
CUISSON 30 mn
TRÈS FACILE
BON MARCHÉ

Le Vin
Alsace Blanc
Gewurztraminer

desserts variés

TARTELETTES AUX RAISINS

6 personnes

300 g de pâte sucrée (moules de 8 cm de diamètre)
300 g de raisins noirs égrenés
300 g de raisins blancs égrenés
75 g de crème
75 g de sucre
75 g de poudre d'amande
2 œufs
3 cuillères à soupe de sucre semoule

PRÉPARATION
25 mn

RÉFRIGÉRATION
1 h

CUISSON
15 mn

FACILE

RAISONNABLE

Le Vin
Champagne

Champagne 1/2 sec

desserts variés

■ Allumez le four Th. 7/8 (220°C).

■ Étalez la pâte et foncez les moules à tartelettes beurrés. Piquez le fond avec une fourchette. Mettez-les au réfrigérateur pour 1 h.

■ Préparez la crème d'amande en mélangeant dans une jatte, les œufs, la crème, le sucre et la poudre d'amandes.

■ Répartissez cette crème sur le fond de tarte et faites cuire 15 mn.

■ Lavez les raisins. Roulez-les dans le sucre semoule déposé dans une assiette.

■ Lorsque les tartelettes sont cuites, laissez-les tiédir.

■ Rangez les raisins dedans en intervertissant les couleurs : raisin noir, raisin blanc.

■ Dégustez sans attendre.

Le conseil

Pour améliorer encore la préparation, disposez harmonieusement des amandes effilées entre les grains de raisin, ce sera du plus bel effet.

TÔT FAIT

4 personnes

200 g de sucre en poudre
200 g de farine
3 œufs
15 cl de rhum
1 cuillère à café de vanille liquide
3 cuillères à soupe de lait
30 g de beurre
Sel

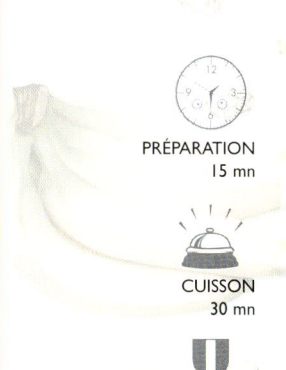

- Séparez les blancs des jaunes d'œufs. Battez les jaunes avec le sucre jusqu'à ce que le mélange blanchisse. Ajoutez la farine, la vanille et le rhum en remuant vivement. Incorporez le lait et remuez de nouveau.

- Préchauffez le four Th. 6 (180°C).

- Montez les blancs en neige ferme et incorporez-les délicatement à la pâte.

- Versez un plat à four beurré. Faites cuire 30 mn.

- Servez tiède ou froid.

Le conseil

Ce gâteau peut être accompagné de raisins frais.

PRÉPARATION 15 mn

CUISSON 30 mn

FACILE

BON MARCHÉ

Le Vin
Sud-Ouest Blanc

Jurançon

desserts variés

67

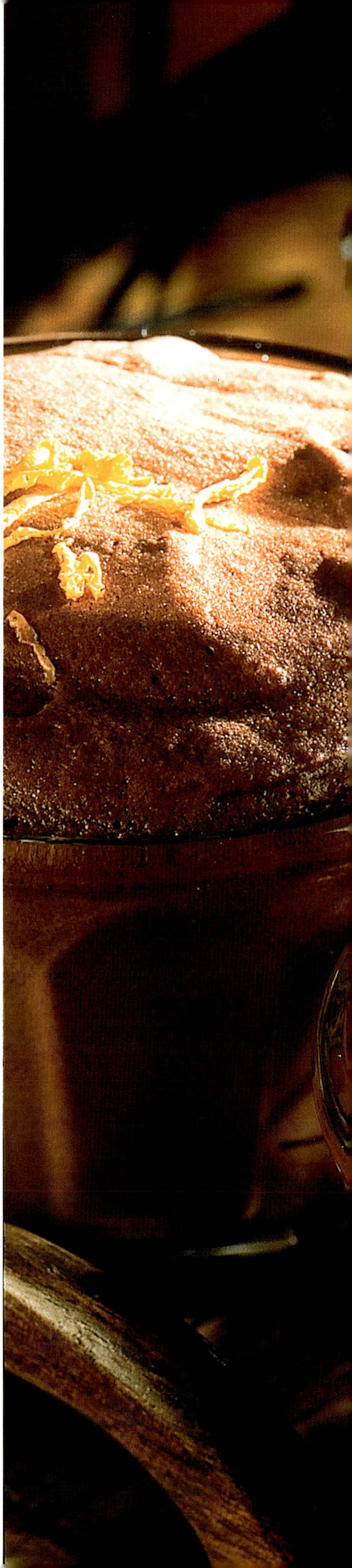

Desserts au chocolat

BARQUETTES DE CHOCOLAT AUX FRUITS

4 à 6 personnes

4 à 6 coupes en chocolat
Quelques feuilles de menthe

Crème anglaise
4 jaunes d'œufs
100 g de sucre
20 cl de lait
1 petite cuillère à café de maïzena
20 cl de bière blonde chaude
1 petite cuillère à café d'essence de vanille

Fruits
20 cl de bière blonde
200 g de fruits rouges (fraises, framboises…)
50 g de sucre
1/2 cuillère à café de gingembre râpé
1/2 cuillère à café de poivre vert

PRÉPARATION
20 mn + 1 h macération

CUISSON
6 à 7 mn

FACILE

RAISONNABLE

Le Vin
Sud-Ouest Blanc

Monbazillac

desserts au chocolat

Crème anglaise

- Au bain-marie ou dans une petite casserole à feu très doux, mélangez les jaunes d'œufs et le sucre.

- Ajoutez le lait chaud, la maïzena, la bière chaude et l'essence de vanille.

- Faites chauffer doucement tout en mélangeant jusqu'à ce que la crème soit suffisamment épaisse. Versez dans un saladier, laissez refroidir et réservez.

Fruits

- Dans une casserole, faites réduire la bière de moitié et laissez refroidir.

- Versez alors sur les fruits, saupoudrez de sucre, de gingembre et de poivre vert. Laissez macérer 1 h au réfrigérateur.

- Ajoutez alors la crème anglaise et mélangez.

- Servez très frais dans les coupes en chocolat et décorez de feuilles de menthe.

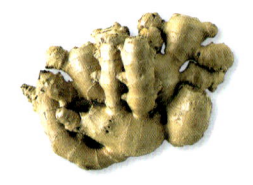

Le conseil

Pour savoir si la crème anglaise est suffisamment épaisse, plongez une cuillère en bois dans la crème puis ressortez-la. Si la crème nappe le dos de la cuillère, elle est à point.

BAVAROIS AU CHOCOLAT ET À LA MENTHE

6 à 8 personnes

- 250 g de chocolat à cuire
- 6 jaunes d'œufs
- 200 g de sucre
- 50 cl de lait
- 1 sachet de sucre vanillé
- 4 feuilles de gélatine
- 20 cl de crème fleurette
- 5 feuilles de menthe
- Huile pour le moule

PRÉPARATION 25 mn

CUISSON 5 mn

RÉFRIGÉRATION 6 h

FACILE

RAISONNABLE

- Faites fondre la gélatine dans un peu d'eau froide pendant 15 mn.

- Mettez le lait et le chocolat cassé en morceaux dans une casserole sur feu doux, remuez pour faire fondre le chocolat, retirez du feu.

- Travaillez les jaunes d'œufs avec 150 g de sucre jusqu'à ce que le mélange blanchisse. Coulez le lait chocolaté chaud en fouettant vivement. Ajoutez la gélatine égouttée.

- Versez la préparation dans une casserole à fond épais et mettez sur feu très doux, remuez constamment jusqu'à ce que le mélange épaississe. Versez aussitôt dans une terrine et laissez refroidir.

- Fouettez la crème en chantilly et incorporez délicatement le reste du sucre, le sucre vanillé et les feuilles de menthe hachées. Mélangez cette chantilly à la crème refroidie.

- Huilez légèrement, versez la préparation et mettez au réfrigérateur 6 h.

- Au moment de servir, plongez le moule 30 s dans de l'eau tiède, essuyez-le. Donnez des petits coups secs tout autour avec une cuillère en bois pour décoller le bavarois, coiffez d'un plat de service et retournez rapidement. Servez aussitôt.

Le conseil

Pour démouler plus facilement le bavarois, plongez le moule quelques secondes dans de l'eau chaude.

Le Vin
Languedoc-Roussillon Rouge

Maury

desserts au chocolat

BROWNIES

6 personnes

220 g de sucre
110 g de beurre pommade
+ 5 g pour le moule
190 g de chocolat noir
180 g de farine
+ 1 cuillère pour le moule
3 œufs
1 sachet de sucre vanillé
1 cuillère à café rase de levure chimique
1/2 cuillère à café de sel
200 g de cerneaux de noix

PRÉPARATION
20 mn

CUISSON
30 à 35 mn

FACILE

BON MARCHÉ

Le Vin
Bordeaux Blanc

Loupiac

desserts au chocolat

- Allumez le four Th. 6 (180°C).

- Beurrez le moule et farinez-le, faites tomber l'excédent en le tapotant à l'envers.

- Faites fondre le chocolat cassé en petits morceaux dans un saladier ou un cul-de-poule, avec le beurre, sur un bain-marie. Retirez de la source de chaleur dès que le chocolat est entièrement fondu.

- Ajoutez le sucre et les œufs sans trop les travailler. Tamisez la farine et la levure puis ajoutez-les au mélange, ainsi que le sel et le sucre vanillé. Mélangez soigneusement.

- Ajoutez enfin les cerneaux de noix concassés. Mélangez de nouveau. Versez dans un moule carré de 25 cm de côté et faites cuire 30 à 35 mn.

- Laissez refroidir 30 mn hors du feu. Décollez les parois puis retournez le moule sur une planche. Laissez refroidir complètement et découpez en carrés de 5 cm de côté.

Le conseil

Si vous préférez, vous pouvez remplacer les cerneaux de noix par des noix de pécan.

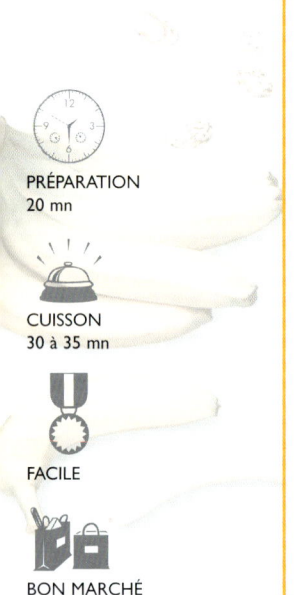

CHARLOTTE AUX MARRONS ET AU CHOCOLAT

10 personnes

Crème anglaise au sirop d'érable

6 jaunes d'œufs
12 cl de sirop d'érable
35 cl de lait chaud
1 cuillère à café d'essence de vanille
1 cuillère à café de maïzena délayée dans un peu d'eau
30 g de sucre glace

Crème bavaroise aux marrons

35 cl de crème fraîche
5 feuilles de gélatine
400 g de purée de marron

Montage et décoration

1 boîte de cigarettes russes ou équivalent
Copeaux de chocolat

PRÉPARATION 30 mn
CUISSON 5 mn
RÉFRIGÉRATION 3 h
ASSEZ FACILE
RAISONNABLE

Crème anglaise

- Dans un bain-marie ou dans une casserole, mélangez les jaunes d'œufs et le sirop d'érable. Ajoutez le lait chaud, l'essence de vanille et la maïzena.

- Chauffez en mélangeant jusqu'à ce que la crème nappe le dos d'une cuillère en bois. Dans un bol, fouettez la crème avec le sucre. Réservez.

Crème bavaroise aux marrons

- Dans un petit bol, faites gonfler la gélatine dans l'eau froide et mélangez avec de l'eau bouillante.

- Versez la crème anglaise avec la purée de marron. Mélangez bien. Lorsque la crème de marron commence à prendre, incorporez la crème fouettée et mélangez à l'aide d'une spatule.

- Tapissez un moule à charlotte avec les biscuits. Versez la crème bavaroise aux marrons et réfrigérez environ 2 à 3 h. Démoulez et décorez avec des copeaux de chocolat.

Le conseil

Pour confectionner vous-même les copeaux, utilisez un couteau économe.

Le **Vin**
Languedoc-Roussillon Blanc

Muscat

desserts au chocolat

COOKIES

6 personnes

225 g de beurre mou
225 g de cassonade
2 œufs
1 cuillère à soupe d'essence de vanille
200 g de farine
230 g de brisures de chocolat blanc et noir
100 g de flocons d'avoine
50 g d'amandes concassées

PRÉPARATION
20 mn

CUISSON
10 mn

TRÈS FACILE

BON MARCHÉ

Le Vin
Val de Loire Blanc

Vouvray

desserts au chocolat

- Préchauffez le four Th. 6/7 (190°C).

- Fouettez ensemble le beurre, la cassonade, les œufs et la vanille.

- D'autre part, mélangez la farine, les brisures de chocolat, ajoutez les flocons d'avoine et les amandes.

- Mélangez bien et ajoutez à la première préparation. Fouettez jusqu'à obtenir une consistance crémeuse mais ferme.

- Déposez des petites quantités de mélange, bien espacées, sur une plaque métallique beurrée.

- Mettez au four et laissez cuire 8 à 10 mn.

- Laissez refroidir et servez.

Le conseil

Si vous voulez que les biscuits soient plus légers, ajoutez 1 cuillère à soupe de bicarbonate de soude à la pâte.

COQUILLES DE CHOCOLAT AUX FRUITS ROUGES

4 personnes

- 100 g de fruits rouges
- 5 cl de miel
- 10 cl de jus d'orange
- Zeste d'1 orange
- Zeste d'1 citron
- 10 cl de Vermouth
- 3 jaunes d'œufs
- 4 cuillères à soupe de sucre
- 40 cl de lait
- 2 cuillères à soupe de maïzena délayée dans un peu d'eau
- 1/2 cuillère à café d'essence de vanille
- 4 cuillères à soupe de crème fraîche
- 8 coquilles de chocolat commandées chez le pâtissier

PRÉPARATION
20 mn + 1 h macération

RÉFRIGÉRATION
1 h

CUISSON
10 mn

FACILE

RAISONNABLE

Le Vin
Jura Blanc

Vin de Paille

- Dans un bol, faites macérer 1 h au réfrigérateur les fruits rouges avec le miel, le jus d'orange, les zestes et le Vermouth. Réservez.

Crème anglaise

- Au bain-marie ou dans une casserole à feu très doux, mélangez les jaunes d'œufs et le sucre. Ajoutez le lait chaud, la maïzena, l'essence de vanille.

- Chauffez jusqu'à épaississement, versez dans un bol et refroidissez au réfrigérateur 1 h.

- Égouttez les fruits rouges et réservez le jus. Incorporez la crème fraîche fouettée et réservez. Mélangez avec la crème anglaise.

- Garnissez chaque coquille de chocolat du mélange aux fruits.

- Déposez sur des assiettes nappées de jus de fruits et recouvrez d'une autre coquille de chocolat.

Le conseil

Si vous ne trouvez pas d'essence de vanille, vous pouvez la remplacer par une gousse ouverte en deux dans l'épaisseur que vous retirerez en fin de cuisson.

desserts au chocolat

CRÈME AU CHOCOLAT

1 personne

20 g de beurre
20 g de maïzena
100 g de chocolat
1 dl de crème liquide
1 dl de lait
10 g de sucre
2 cuillères à café de café fort
Feuilles de menthe

PRÉPARATION
15 mn

CUISSON
5 mn

TRÈS FACILE

BON MARCHÉ

Le Vin
Languedoc-Roussillon
Rouge

desserts au chocolat

Banyuls

- Dans une casserole, faites fondre le chocolat et le beurre au bain-marie en remuant.

- Dans un bol, mélangez le sucre, la maïzena, le lait et la crème.

- Ajoutez ce mélange au chocolat et cuisez quelques minutes au bain-marie.

- Ajoutez le café et décorez de feuilles de menthe.

Le conseil

Présentez dans des ramequins individuels ou dans un bol creux.

76

CRÈME AU CHOCOLAT ET À L'ANANAS

4 personnes

20 g de beurre
20 g de farine
150 g de chocolat
1 petite boîte d'ananas au sirop
30 cl de crème liquide
20 cl de lait
30 g de sucre

- Égouttez les tranches d'ananas, réservez le jus.

- Dans une casserole, faites fondre le chocolat et le beurre au bain-marie en remuant.

- Dans un bol, mélangez le sucre, la farine, le lait, la crème et 3 cuillères à soupe de jus d'ananas. Ajoutez ce mélange au chocolat et cuisez quelques minutes au bain-marie. Laissez refroidir.

- Coupez les tranches d'ananas en petits morceaux et ajoutez-les à la préparation. Réservez-en 2 pour la décoration.

- Disposez la crème dans des ramequins individuels, décorez avec les morceaux d'ananas restants.

Le conseil

Pour obtenir des crèmes plus légères, remplacez la farine par de la maïzena ou de la fécule de pomme de terre.

PRÉPARATION
20 mn

CUISSON
5 mn

TRÈS FACILE

BON MARCHÉ

Le Vin
Sud-Ouest Blanc

Monbazillac

desserts au chocolat

CROQ AU CHOCOLAT

4 personnes

8 tranches de pain brioché
50 g de beurre
50 g de sucre
50 g de chocolat noir
80 g de cerneaux de noix concassés
4 cuillères à soupe de marmelade d'orange
1 orange

- Prélevez le zeste de l'orange puis coupez-le en lanières.

- Mettez-les dans une casserole avec le sucre et un verre d'eau.

- Laissez confire doucement pendant 10 mn puis égouttez.

- Faites griller les tranches de pain brioché, tartinez-les de beurre et de marmelade d'orange.

- Ajoutez les noix puis râpez le chocolat au-dessus des tartines.

- Décorez avec les zestes confits, servez tiède.

Le conseil

Lorsqu'on utilise des zestes d'agrume dans une recette, il est préférable de choisir des fruits non traités.

PRÉPARATION
20 mn

CUISSON
10 mn

TRÈS FACILE

BON MARCHÉ

le Vin
Alsace Blanc

Gewurztraminer

desserts au chocolat

DÔME AU CHOCOLAT

4 personnes

35 cl de lait
4 œufs
40 g de sucre
200 g de chocolat noir
3 feuilles de gélatine
15 cl de crème liquide
100 g de cacao en poudre
Copeaux de chocolat noir
Copeaux de chocolat blanc

- Faites tremper la gélatine dans un bol d'eau froide.

- Mettez le sucre et les œufs dans un saladier et fouettez-les jusqu'à ce que le mélange blanchisse légèrement. Portez le lait à ébullition et versez-le doucement sur la préparation sans cesser de mélanger. Remettez dans la casserole et laissez cuire 5 mn à feu doux tout en remuant.

- Mettez le chocolat coupé en morceaux dans une autre casserole au bain-marie et laissez fondre puis ajoutez à la préparation précédente. Mélangez bien.

- Égouttez la gélatine et ajoutez-la à la crème au chocolat, mélangez de nouveau. Laissez refroidir.

- Montez la crème fraîche en chantilly puis ajoutez-la délicatement à la crème froide.

- Versez la crème dans un saladier huilé à fond rond ou dans un cul-de-poule et mettez au réfrigérateur au moins 4 h.

- Au moment de servir, démoulez le dôme sur un plat de service, saupoudrez-le de cacao et dessinez des stries sur le dessus avec une fourchette. Décorez le tour du gâteau avec des copeaux de chocolat en alternant les noirs et les blancs. Servez aussitôt.

Le conseil

Vous obtiendrez des copeaux de chocolat en grattant une tablette avec un couteau économe.

PRÉPARATION 25 mn
CUISSON 15 mn
RÉFRIGÉRATION 4 h
ASSEZ FACILE
RAISONNABLE

le Vin
Languedoc-Roussillon Blanc

Muscat de Rivesaltes

desserts au chocolat

DOUCEUR AU CHOCOLAT AU COULIS DE FRAMBOISES

6 à 8 personnes

Crème anglaise au miel
- 4 jaunes d'œufs
- 2 cuillères à soupe de miel
- 35 cl de lait chaud
- 1 cuillère à thé de maïzena
- 1/2 cuillère à thé d'essence de vanille

Coulis de framboises
- 200 g de framboises
- 10 cl de jus de pomme
- 1 cuillère à soupe de jus de citron
- 25 g de sucre

Crème au chocolat
- 4 feuilles de gélatine
- 180 g de chocolat fondu
- 25 cl de crème fraîche

Décoration
- 100 g de framboises
- Quelques feuilles de menthe

PRÉPARATION
20 mn

CUISSON
5 mn

RÉFRIGÉRATION
4 h

FACILE

RAISONNABLE

Le Vin
Val de Loire Blanc

Vouvray

desserts au chocolat

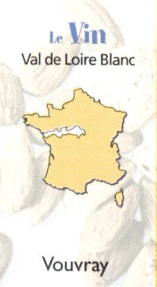

Crème anglaise

■ Dans un bain-marie ou dans une casserole à feu très doux, mélangez les jaunes d'œufs et le miel. Ajoutez le lait chaud, la maïzena et l'essence de vanille. Chauffez en mélangeant, jusqu'à ce que la crème nappe le dos d'une cuillère en bois. Faites refroidir.

Coulis de framboises

■ Dans une petite casserole, amenez les framboises, le jus de pomme, le jus de citron et le sucre à ébullition et laissez mijoter 2 mn. Mélangez la préparation au robot et passez au tamis. Réfrigérez 10 mn.

Crème au chocolat

■ Faites tremper la gélatine dans un peu d'eau froide. Montez la crème fraîche en chantilly puis incorporez-la au chocolat fondu.

■ Égouttez la gélatine et plongez-la dans de l'eau chaude puis ajoutez au mélange précédent. Versez la préparation dans des ramequins individuels et mettez au réfrigérateur 4 h.

■ Mélangez le coulis de framboises à la crème anglaise. Versez un peu de coulis au fond de chaque assiette. Disposez dessus un flan au chocolat et décorez avec les framboises restantes et la menthe.

Le conseil

Pour être sûr de bien réussir la crème fouettée, il est indispensable que la crème fraîche soit très froide. Mettez-la au congélateur 5 à 10 mn avant de la travailler.

FONDANT AU CHOCOLAT ET AUX MARRONS

8 personnes

1,5 kg de marrons
200 g de beurre mou
200 g de chocolat à cuire râpé
200 g de sucre en poudre
1 cuillère à café d'extrait de vanille liquide
1 dl de crème anglaise

- Pelez-les marrons, cuisez-les à l'eau pendant 30 mn. Égouttez et passez au presse-purée. Malaxez pour lier la purée obtenue.

- Mettez la purée de marron dans une jatte et ajoutez le sucre en poudre, le chocolat râpé, l'extrait de vanille liquide. Mélangez bien. Ajoutez alors le beurre.

- Garnissez un moule à cake de papier sulfurisé et versez la préparation. Tassez bien et mettez au réfrigérateur quelques heures.

- Démoulez au moment de servir. Coupez en tranches et servez avec une crème anglaise.

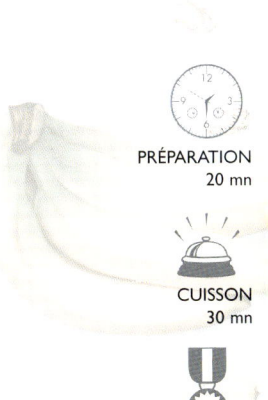

Le conseil

Pour cette recette, vous pouvez également employer des marrons cuits, au naturel.

PRÉPARATION 20 mn

CUISSON 30 mn

FACILE

BON MARCHÉ

Le **Vin**
Bordeaux Blanc

Sauternes

desserts au chocolat

FONDUE DE CHOCOLAT AUX FRUITS

6 personnes

2 kg de fruits de saison et de fruits exotiques
200 g de chocolat noir
400 g de pain d'épices
100 g de petites meringues
1 dl de crème liquide

PRÉPARATION
30 mn

CUISSON
1 mn

TRÈS FACILE

RAISONNABLE

Le Vin
Champagne

desserts au chocolat

- Détaillez le pain d'épices en dés. Lavez et épongez les fruits. Coupez les chairs en morceaux ou en rondelles selon la variété, égrenez le raisin. Placez-les dans de jolies coupes.

- Dans le récipient à fondue, faites bouillir la crème 1 mn et ajoutez hors du feu, le chocolat cassé en petits morceaux. Fouettez doucement pour lisser le mélange.

- Au moment de déguster, posez le chocolat sur une flamme douce.

- Piquez les fruits et le pain d'épices ainsi que la meringue et plongez-les dans le chocolat.

Le conseil

Si vous n'aimez pas le pain d'épices, vous pouvez le remplacer par du pain brioché.

FORÊT NOIRE

- Séparez les blancs des jaunes d'œufs (conservez-en un entier). Travaillez les jaunes avec l'œuf entier et 200 g de sucre. Ajoutez ensuite la farine, le cacao et les amandes.

- Montez les 8 blancs en neige très fermes avec les 50 g de sucre restant. Incorporez-les délicatement à la préparation précédente.

- Versez dans un moule à manqué, beurré et fariné, et cuisez au four préchauffé Th. 6 (180°C) pendant 40 mn. Sortez du four et démoulez rapidement. Laissez refroidir.

- Préparez le sirop : faites fondre le sucre dans 1/4 l d'eau. Cuisez à feu doux en remuant régulièrement jusqu'à ce que le sucre fasse un fil le long de la cuillère. Ajoutez le kirsch. Réservez.

- Montez la crème en chantilly. Égouttez les cerises.

- Coupez le biscuit en trois couches régulières. Imbibez la première couche de sirop, puis étalez la moitié de la crème chantilly et décorez de cerises. Superposez une autre couche imbibée de sirop et couvrez de chantilly et de cerises. Recouvrez la dernière couche également imbibée de sirop.

- Décorez de copeaux de chocolat et de cerises. Servez aussitôt.

Le conseil

Si vous n'aimez pas le kirsch, vous pouvez le remplacer selon votre goût par du Cointreau, de l'Armagnac ou du rhum.

8 personnes

8 œufs + 1 œuf
250 g de sucre semoule
200 g de farine
50 g de cacao
100 g d'amandes râpées
1 boîte de cerises
25 cl de crème très froide
Copeaux de chocolat pour le décor

Sirop

1/4 l d'eau
2 dl de kirsch
300 g de sucre semoule

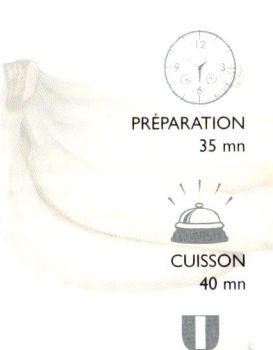

PRÉPARATION
35 mn

CUISSON
40 mn

ASSEZ FACILE

RAISONNABLE

le Vin
Champagne Rosé

Champagne rosé

desserts au chocolat

GÂTEAU AU CHOCOLAT EN FORME DE LUNE

6 personnes

100 g de chocolat de couverture
4 œufs
200 g de beurre en pommade + 50 g pour le moule
90 g de sucre
50 g de farine
1 pincée de sel
150 g de chocolat de couverture
150 g de crème fraîche
1 cuillère à soupe de rhum

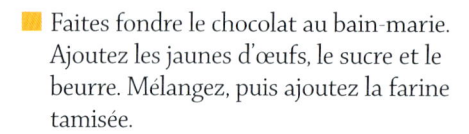

PRÉPARATION
20 mn

CUISSON
30 mn

FACILE

BON MARCHÉ

Le Vin
Val de Loire Blanc

Vouvray

desserts au chocolat

■ Faites fondre le chocolat au bain-marie. Ajoutez les jaunes d'œufs, le sucre et le beurre. Mélangez, puis ajoutez la farine tamisée.

■ Battez les blancs additionnés d'1 pincée de sel en neige ferme et incorporez-les délicatement à la préparation au chocolat.

■ Beurrez très soigneusement un moule en forme de lune et versez-y la préparation. Enfournez pour 30 mn. Démoulez le gâteau sur une grille et laissez-le refroidir.

■ Versez la crème fraîche dans un saladier posé sur un bain-marie. Portez à ébullition, puis ajoutez le chocolat râpé. Remuez jusqu'à ce qu'il soit fondu et nappe bien la cuillère. Ajoutez le rhum et laissez tiédir, puis fouettez jusqu'à ce que la préparation double de volume.

■ Glacez le gâteau en versant la ganache au milieu du gâteau et en l'étalant régulièrement à l'aide d'une spatule. Laissez durcir le gâteau au frais avant de servir.

Le conseil

Pour réaliser les éventails du décor, il faut faire fondre un peu de chocolat noir ou blanc au bain-marie. Versez sur une plaque et faites durcir au frais. Décollez les éventails avec une spatule rigide inclinée à 45° sur la plaque de chocolat.

GÂTEAU AU CHOCOLAT ET AU MASCARPONE

8 personnes

- 8 tranches de pain de mie
- 3 œufs
- 50 cl de lait
- 1 cuillère à café d'essence de vanille
- 2 cuillères à soupe de sucre
- 1 petite cuillère à café de levure chimique
- 250 g de mascarpone
- 2 cuillères à soupe de cacao en poudre
- 125 g de copeaux de chocolat
- Quelques cerises fraîches pour la décoration

PRÉPARATION 20 mn

CUISSON 35 mn

TRÈS FACILE

RAISONNABLE

- Préchauffez le four Th. 6 (180°C).

- Garnissez un moule à tarte beurré avec les tranches de pain de mie, en les aplatissant contre les parois.

- Faites cuire à blanc pendant 10 mn.

- Mixez ensemble les œufs, le lait, l'essence de vanille, le sucre, la levure, le mascarpone et le cacao.

- Versez sur le pain de mie et faites cuire 30 à 35 mn. Laissez refroidir.

- Au moment de servir, décorez de copeaux de chocolat et de cerises.

Le conseil

Si ce n'est pas la saison, vous pouvez remplacer les cerises fraîches par des cerises confites.

Le Vin
Jura Blanc

Vin de paille

desserts au chocolat

GÂTEAU AU CHOCOLAT ET AU RHUM

6 personnes

Génoise nature
8 œufs
250 g de sucre en poudre
250 g de farine + 20 g pour le moule
60 g de beurre fondu + 30 g pour le moule
1 pincée de sel

Crème au chocolat
200 g de chocolat au lait
200 g de chocolat amer
20 cl de crème fraîche liquide
120 g de beurre en pommade
5 cl de rhum vieux
Sucre glace

PRÉPARATION 40 mn
CUISSON 35 mn
RÉFRIGÉRATION 1 h
ASSEZ FACILE
RAISONNABLE

Le Vin : Val de Loire Blanc
Bonnezeaux

desserts au chocolat

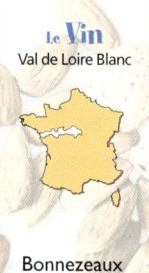

■ Préchauffez le four Th. 6 (180°C). Cassez les œufs dans une terrine supportant la chaleur. Mélangez au fouet et ajoutez le sucre en poudre et le sel. Posez la terrine sur une casserole d'eau chaude maintenue sur feu doux.

■ Battez vivement le mélange jusqu'à ce qu'il blanchisse et triple de volume. Retirez la terrine du bain-marie et ajoutez la farine tamisée. Ajoutez enfin le beurre fondu. Beurrez et farinez un moule à manqué à bord très haut.

■ Versez la préparation dans le moule et lissez la surface avec une spatule. Enfournez au milieu du four pour 35 mn. Vérifiez la cuisson avec la pointe d'un couteau qui doit ressortir sèche. Laissez refroidir complètement la génoise avant de la démouler et de la découper en 7 disques égaux.

Crème au chocolat

■ Cassez les 2 sortes de chocolat et mettez-les dans une casserole avec la crème fraîche. Portez à ébullition en fouettant puis versez dans un saladier. Laissez refroidir, puis fouettez à nouveau en incorporant le beurre et le rhum.

■ Déposez un premier disque de génoise sur le plat de service, couvrez de crème au chocolat. Couvrez avec un autre disque de génoise et ainsi de suite jusqu'au dernier. Gardez suffisamment de crème au chocolat pour recouvrir entièrement le gâteau à la fin. Placez le gâteau au moins 1 h au réfrigérateur avant de servir. Poudrez généreusement de sucre juste avant de servir.

Le conseil

Préparez la génoise la veille, elle sera plus facile à découper.

GÂTEAU AU CHOCOLAT ET AUX FRAISES

4 personnes

70 g de petits beurres écrasés
30 g d'amandes émincées et grillées
50 g de beurre

Gâteau

700 g de fromage blanc
70 g de sucre cristallisé
3 œufs battus
100 g de chocolat noir fondu
150 g de fraises coupées en tranches

- Préchauffez le four Th. 6 (180°C).

- Dans un saladier, mélangez les biscuits émiettés, les amandes grillées et le beurre fondu. Tapissez-en le fond d'un moule à tarte. Faites cuire 10 mn au four puis sortez et réservez.

- Dans un grand saladier, fouettez le fromage blanc et le sucre. Incorporez les œufs en fouettant. Transvasez la moitié de la préparation dans un autre saladier.

- Versez le chocolat fondu dans le 1er bol et mélangez bien. Puis versez dans le moule, étalez-le bien uniformément avec une cuillère mouillée à l'eau chaude. Versez le mélange nature contenu dans le 2ème bol par-dessus le mélange au chocolat et étendez-le bien de la même façon que le 1er.

- Faites cuire 15 mn, baissez la température et poursuivez la cuisson encore 30 mn.

- Sortez du four, décollez les côtés avec un couteau et laissez refroidir au moins 30 mn avant de démouler.

- Garnissez le dessus du gâteau avec les tranches de fraises et servez aussitôt.

Le conseil

Utilisez de préférence pour ce gâteau un moule à parois amovibles, il sera plus facile à démouler.

PRÉPARATION 25 mn
CUISSON 55 mn
FACILE
RAISONNABLE

le **Vin**
Bordeaux Blanc
Cérons

desserts au chocolat

GÂTEAU AU CHOCOLAT ET AUX FRUITS CONFITS

6 personnes

- 3 œufs
- 180 g de farine
- 180 g de sucre
- 180 g de beurre mou
- 50 g de cacao
- 125 g de sucre glace
- 1 sachet de levure chimique
- 4 oranges
- 1 verre de liqueur d'Armagnac
- Quelques morceaux d'orange confite

PRÉPARATION 30 mn

CUISSON 45 mn

FACILE

BON MARCHÉ

Le Vin : Languedoc-Roussillon Blanc — Muscat de rivesaltes

desserts au chocolat

- Préchauffez le four Th. 5 (150°C).

- Prélevez le zeste d'1 orange et râpez-le. Pressez l'orange et tamisez le jus. Réservez. Fouettez le beurre mou avec le sucre jusqu'à ce que le mélange blanchisse.

- Incorporez les œufs un à un, la farine, le cacao, la levure, la moitié de la liqueur, le jus et le zeste d'orange, sans cesser de fouetter.

- Beurrez et farinez un moule à manqué, versez-y la préparation et mettez au four 45 mn.

- Pressez 2 autres oranges, filtrez le jus et ajoutez l'Armagnac restant.

- Lorsque le gâteau est cuit, sortez-le du four, démoulez-le sur un plat de service et arrosez-le de jus d'orange à l'Armagnac.

- Mélangez le sucre glace au jus de la dernière orange pour obtenir le glaçage et étalez-le sur le gâteau.

- Décorez avec des morceaux d'orange confite et servez aussitôt.

Le conseil

En général, si vous avez besoin de zeste dans une recette, choisissez de préférence des agrumes non traités. Si vous n'en trouvez pas, lavez-les soigneusement à l'eau froide.

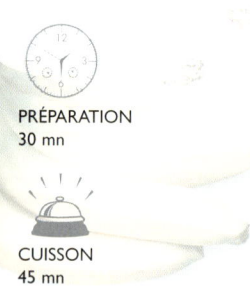

GÂTEAU AU CHOCOLAT ET AUX FRUITS SECS

6 personnes

- 200 g de chocolat
- 4 gros œufs ou 5 petits
- 100 g de beurre en pommade + 30 g pour le moule
- 150 g de sucre
- 4 cuillères à soupe rases de farine
- 150 g de fruits secs mélangés (noisettes, amandes, noix)
- 1 pincée de sel

PRÉPARATION 20 mn

CUISSON 30 mn

TRÈS FACILE

BON MARCHÉ

Le Vin
Languedoc-Roussillon Rouge

Banyuls

desserts au chocolat

■ Faites fondre le chocolat au bain-marie. Ajoutez les jaunes d'œufs, le sucre et le beurre. Mélangez, puis ajoutez la farine tamisée.

■ Battez les blancs additionnés d'une pincée de sel en neige ferme et incorporez-les délicatement à la préparation au chocolat. Ajoutez enfin les fruits secs grossièrement concassés. Beurrez copieusement un moule à manqué et versez-y la préparation. Enfournez pour 30 mn.

■ Laissez refroidir le gâteau avant de le démouler.

Le conseil

Si le moule est grand et plat (hauteur de pâte < 5 cm), laissez cuire le gâteau 30 mn. Si le moule est plus profond (hauteur de pâte > 5 cm), laissez cuire le gâteau 35 mn. La lame d'un couteau plantée dans le cœur du gâteau doit ressortir sèche.

GÂTEAU AU CHOCOLAT ET AUX NOISETTES

6 personnes

150 g de chocolat noir amer
7 œufs
100 g de miel
25 g de farine de sarrasin
1/2 sachet de levure chimique
150 g de noisettes en poudre
Sucre glace

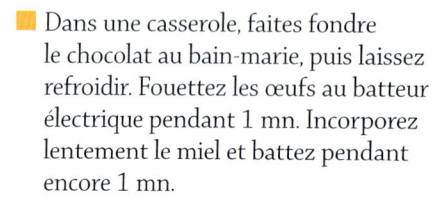

PRÉPARATION
20 mn

CUISSON
55 mn

FACILE

RAISONNABLE

Le Vin
Bordeaux Blanc
Loupiac

desserts au chocolat

- Dans une casserole, faites fondre le chocolat au bain-marie, puis laissez refroidir. Fouettez les œufs au batteur électrique pendant 1 mn. Incorporez lentement le miel et battez pendant encore 1 mn.

- Mélangez la farine de sarrasin et la levure et incorporez-les à la crème aux œufs en battant un court instant à petite vitesse, puis ajoutez de la même manière le chocolat et les noisettes en poudre.

- Garnissez de cette préparation un moule à fond mobile de 28 cm de diamètre beurré et chemisé de papier sulfurisé. Faites cuire 55 mn dans le four préchauffé Th. 5/6 (160°C). Dès la sortie du four, démoulez le gâteau sur une grille et décollez le papier sulfurisé. Laissez refroidir, puis saupoudrez de sucre glace avant de servir.

Le conseil

La farine de sarrasin n'est pas toujours facile à trouver, vous pouvez sans problème la remplacer par de la farine ordinaire.

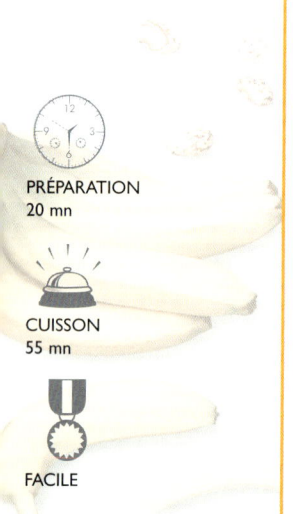

GÂTEAU AU CACAO NAPPÉ DE CHOCOLAT NOIR

8 personnes

120 g de beurre mou
200 g de sucre cristallisé
2 œufs
1 cuillère à café d'extrait de vanille
200 g de farine
1 petite cuillère à café de levure chimique
75 g de cacao en poudre
1 pincée de sel
25 cl de crème fraîche

Glaçage

170 g de chocolat noir en morceaux
80 g de beurre mou
250 g de sucre glace
10 cl de crème fraîche
10 cl de yaourt aux framboises bien mélangé

- Préchauffez le four Th. 6 (180°C).

- Dans un saladier, fouettez ensemble le beurre, le sucre, les œufs, la crème et la vanille jusqu'à obtention d'un mélange crémeux. Réservez.

- Dans un autre saladier, mélangez la farine, la levure, le cacao et le sel. Incorporez, en alternant et petit à petit, les ingrédients secs et les ingrédients crémeux. Fouettez bien jusqu'à obtention d'un mélange uniforme et lisse.

- Versez le mélange dans deux moules à tarte de même dimension et faites cuire 30 mn. Retirez du four et attendez 15 mn avant de démouler.

Glaçage

- Dans une casserole au bain-marie, faites fondre le beurre et le chocolat en fouettant à feu doux. Retirez du feu et ajoutez les ingrédients restants. Fouettez de nouveau de manière à obtenir un mélange lisse. Réservez au frais 15 mn.

- Étendez environ 1/3 du glaçage sur le dessus d'un des gâteaux, posez l'autre sur le premier et nappez le dessus et les côtés du gâteau avec le glaçage restant. Décorez avec des fruits frais selon le goût.

Le conseil

Vous pouvez servir ce gâteau avec une boule de crème glacée à la vanille pour chaque convive.

PRÉPARATION 30 mn

CUISSON 30 mn

FACILE

RAISONNABLE

Le Vin
Alsace Blanc

Muscat d'Alsace

desserts au chocolat

GÂTEAU AU CHOCOLAT ET À LA CRÈME

8 à 10 personnes

4 œufs
125 g de sucre en poudre
1 sachet de sucre vanillé
100 g de farine
100 g de fécule de pommes de terre
75 g de cacao en poudre
1 sachet de levure chimique

Crème
150 g de beurre mou
150 g de sucre glace
70 g de cacao amer en poudre
2 jaunes d'œufs

Glaçage
200 g de chocolat à 70 % de cacao
40 g de beurre

PRÉPARATION 40 mn

CUISSON 25 mn

ASSEZ DIFFICILE

RAISONNABLE

Le Vin
Savoie Blanc

Seyssel

desserts au chocolat

- Préchauffez le four Th. 6 (180°C).

- Fouettez les œufs et 4 cuillères à soupe d'eau chaude pendant 1 mn au batteur électrique. Ajoutez le sucre et le sucre vanillé, fouettez 2 mn jusqu'à obtention d'une mousse légère. Ajoutez la farine, la fécule, le cacao et la levure. Fouettez à nouveau.

- Versez la pâte dans un moule à manqué de 24 cm. Enfournez 25 mn. Démoulez dès la sortie du four. Laissez refroidir.

Crème

- Battez le beurre et le sucre glace. Ajoutez le cacao et les jaunes d'œufs. Coupez le biscuit froid en deux disques égaux avec un grand couteau. Étalez la crème (sauf 1 cuillère à soupe) sur la première moitié de biscuit et couvrez avec la seconde moitié. Laissez reposer 1 h.

Glaçage

- Faites fondre le chocolat et le beurre. Étalez-en les 3/4 à la spatule sur le gâteau. Étalez le reste en fine couche sur une feuille de papier sulfurisé. Laissez durcir. Décollez, cassez le chocolat en morceaux irréguliers. Décorez-en le tour du gâteau en les fixant avec la crème restante.

Le conseil

Vous pouvez parfumer la crème de 4 cuillères à soupe de rhum.

GÂTEAU BASQUE AU CHOCOLAT

6 à 8 personnes

Pâte

500 g de beurre
+ 30 g pour le moule
400 g de cassonade
250 g d'amandes en poudre
1/2 cuillère à café de vanille en poudre
3 œufs
600 g de farine
30 g de cacao en poudre
1 sachet de levure chimique
1 pincée de sel

Crème

20 g de semoule de blé très fine
1/4 l de lait
1/2 gousse de vanille
Zeste d'1/2 citron haché très fin
75 g de cassonade
1 jaune d'œuf
15 g de farine
60 g de crème liquide

■ Réalisez la pâte en pétrissant bien dans l'ordre beurre, sel, cassonade, amandes en poudre, vanille, œufs. Ajoutez la farine mélangée au cacao et à la levure. Mélangez en pétrissant le moins possible. Réservez au frais.

■ Préparez la crème : faites bouillir avec le lait, la semoule de blé, la gousse de vanille fendue et le zeste de citron. Blanchissez très légèrement le jaune d'œuf avec la cassonade et la farine. Versez progressivement le lait sur la préparation en remuant. Portez 2 mn à ébullition en remuant.

■ Ajoutez la crème liquide préalablement chauffée. Versez dans un saladier et laissez refroidir.

■ Beurrez un moule de 3 cm de hauteur. Garnissez le fond d'une abaisse de pâte assez épaisse. Chemisez les bords d'une bande de pâte de 2 cm de large. Garnissez de crème. Recouvrez avec le reste de pâte. Dorez à l'œuf. Rayez à la fourchette. Cuisez 40 mn au four Th. 6 (180°C).

■ Gardez le gâteau basque à température ambiante, hors du réfrigérateur. Attendez de préference un jour ou deux avant de le déguster.

Le conseil

Lorsque vous laissez la crème refroidir, fouettez-la de temps en temps afin qu'elle garde une texture bien lisse.

PRÉPARATION 30 mn
CUISSON 40 mn
FACILE
RAISONNABLE

le Vin
Val de Loire Blanc

Bonnezeaux

desserts au chocolat

GÂTEAU ROULÉ AUX DEUX SAVEURS

6 à 8 personnes

Gâteau
50 g de farine
30 g de poudre de cacao
25 g de beurre
75 g de sucre en poudre
3 œufs entiers + 1 jaune

Crème
4 clémentines
3 jaunes d'œufs
30 cl de crème fraîche
2 cuillères à soupe de sucre glace

PRÉPARATION
40 mn

CUISSON
8 mn

RÉFRIGÉRATION
10 mn

ASSEZ DIFFICILE

BON MARCHÉ

Le Vin
Val de Loire Blanc

Vouvray

desserts au chocolat

Gâteau

■ Mélangez la farine et le cacao. Faites fondre le beurre, séparez les blancs des jaunes d'œufs. Dans une jatte, battez 4 jaunes d'œufs avec le sucre jusqu'à ce que le mélange mousse. Battez en neige ferme 3 blancs d'œufs et ajoutez-les à la préparation précédente en incorporant le beurre fondu. Mélangez délicatement.

■ Préchauffez le four Th. 8 (240°C). Posez une feuille de papier sulfurisé bien beurrée sur la plaque du four. Versez la pâte en lui donnant une forme rectangulaire. Enfournez 7 à 8 mn. Dès la sortie du four, faites glisser le gâteau avec son papier sur un torchon humide.

Crème

■ Épluchez et mixez 1 clémentine. Pressez le jus des 3 autres. Dans une casserole à fond épais, mettez les jaunes d'œufs, le jus de clémentine et la clémentine mixée. Mélangez au fouet à feu très doux en incorporant le sucre, jusqu'à ce que la préparation épaississe. Hors du feu continuez à fouetter jusqu'à refroidissement.

■ Battez la crème fraîche (très froide) en chantilly. Incorporez-la à la préparation aux clémentines. Retournez le gâteau sur le torchon humide, retirez le papier sulfurisé. Étalez la crème, à la spatule sur le gâteau en la lissant régulièrement. Saisissez le torchon et commencez à le rouler en enroulant le gâteau sur lui-même. Serrez le torchon pour que le gâteau forme un boudin bien serré.

■ Mettez le gâteau 10 mn au réfrigérateur. Déroulez le torchon, le gâteau restera en place. Coupez chaque extrémité pour l'égaliser.

Le conseil

Pour être sûr de bien réussir les blancs d'œufs en neige, il suffit d'ajouter une pincée de sel avant de fouetter.

LARMES DE CHOCOLAT GARNIES

4 personnes

- 4 larmes de chocolat
- 2 meringues italiennes
- 1/2 l de glace à la vanille
- 50 cl de crème fraîche
- 6 jaunes d'œufs
- 30 cl de lait
- 100 g de chocolat blanc
- 90 g de sucre
- Quelques gouttes d'extraits de réglisse

■ Demandez à votre pâtissier de vous préparer les larmes de chocolat en chocolat noir.

■ Cassez le chocolat blanc en morceaux, faites fondre dans une casserole au bain-marie avec une cuillère à soupe d'eau. Laissez tiédir.

■ Fouettez la crème fraîche très froide en chantilly avec 20 g de sucre, ajoutez délicatement le chocolat fondu.

■ Disposez sur 4 assiettes à dessert les larmes de chocolat, garnissez-les de morceaux de meringue et de chantilly. Ajoutez une boule de glace vanille.

Crème anglaise

■ Dans une terrine, fouettez les jaunes avec le sucre restant. Dans une casserole, faites bouillir le lait, versez-le sur les œufs. Remettez la préparation dans la casserole et faites épaissir sur feu doux. Ajoutez 2 ou 3 gouttes d'extrait de réglisse. Versez autour des larmes de chocolat.

■ Agrémentez cette crème anglaise au réglisse de pointe de chantilly.

Le conseil

Décorez d'une fraise, de segments de clémentine ou de tranches de kiwi.

PRÉPARATION 15 mn

CUISSON 5 mn

FACILE

ASSEZ CHER

Le Vin
Bordeaux Blanc

Sauternes

desserts au chocolat

MADELEINES AU CHOCOLAT

6 personnes

200 g de farine + 20 g pour les moules
100 g de sucre
5 œufs
200 g de beurre + 20 g pour les moules
1 cuillère à soupe de miel liquide
1 sachet de levure
2 cuillères à soupe de cacao en poudre non sucré

PRÉPARATION
15 mn

CUISSON
10 mn

TRÈS FACILE

BON MARCHÉ

Le Vin
Alsace Blanc

Pinot d'Alsace

desserts au chocolat

■ Préchauffez le four Th. 6 (180°C).

■ Dans le bol d'un robot, mettez les œufs, le sucre et le miel, mélangez quelques secondes. Ajoutez la farine, la levure et le cacao, mélangez de nouveau en incorporant le beurre ramolli petit à petit. Placez au frais quelques minutes.

■ Beurrez et farinez un ou plusieurs moules à madeleines, remplissez de pâte chaque alvéole aux 2/3 à l'aide d'une petite cuillère. Faites cuire un moule après l'autre pendant 9 à 10 mn. Démoulez les madeleines aussitôt et laissez refroidir.

Le conseil

Si vous pouvez, dégustez les madeleines tièdes, elles sont encore meilleures.

MOUSSE AU CHOCOLAT

4 personnes

120 g de chocolat à cuire
100 g de beurre
3 œufs
1 cuillère à soupe de sucre en poudre
Quelques copeaux de chocolat blanc et quelques feuilles de menthe pour la décoration

- Cassez le chocolat et faites-le fondre au bain-marie. Hors du feu, incorporez le beurre ramolli et coupé en morceaux, mélangez bien avec une spatule en bois.

- Séparez les jaunes des blancs d'œufs, incorporez les jaunes au chocolat, laissez refroidir. Battez les blancs en neige, à mi-opération ajoutez le sucre, battez à nouveau jusqu'à ce que les blancs soient très fermes.

- Incorporez au chocolat délicatement en soulevant le mélange avec une spatule.

- Vous pouvez présenter la mousse au chocolat dans des ramequins individuels accompagnée de cigarettes russes.

Le conseil

Pour être sûr de bien réussir les blancs en neige, ajoutez-y une pincée de sel ou un filet de citron.

PRÉPARATION
15 mn

CUISSON
5 mn

FACILE

RAISONNABLE

Le Vin
Languedoc-Roussillon Rouge

Maury

desserts au chocolat

97

MOUSSE AU COINTREAU

4 personnes

3 jaunes d'œufs + 1 blanc
1 cuillère à soupe de lait
15 cl de crème fraîche
75 g de sucre en poudre
100 g de chocolat noir
2 cuillères à soupe de Cointreau

- Mettez la crème dans un grand bol 10 mn au congélateur.

- Mettez les jaunes d'œufs dans une jatte, ajoutez le sucre en pluie en fouettant jusqu'à ce que le mélange devienne clair et mousseux. Ajoutez le Cointreau en mélangeant bien pour que la préparation soit homogène.

- Diluez la crème bien froide avec le lait froid. Fouettez en chantilly. Incorporez la chantilly à la préparation au Cointreau, cuillerée par cuillerée pour ne pas faire tomber la crème.

- Battez le blanc d'œuf en neige ferme et ajoutez-le délicatement au mélange précédent.

- Versez la mousse dans des coupes individuelles.

- À l'aide d'un couteau économe, prélevez des copeaux sur la tablette de chocolat, en quantité selon le goût. Parsemez chaque coupe de chocolat. Servez de suite, les coupes bien fraîches.

Le conseil

Afin d'obtenir de beaux copeaux de chocolat, utilisez un couteau économe.

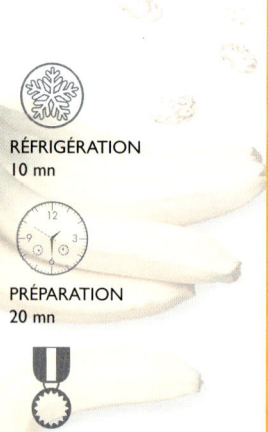

RÉFRIGÉRATION 10 mn

PRÉPARATION 20 mn

FACILE

RAISONNABLE

le Vin
Val de Loire Blanc

desserts au chocolat

Touraine Amboise

MUFFINS

- Préchauffez le four Th. 6 (180°C). Tapissez le fond de 12 moules à muffins avec des moules à gâteaux en papier.

- Dans un bol, mélangez bien les farines, la cassonade, le son, la levure et le sel. Réservez.

- Cassez le chocolat dans une casserole et faites-le fondre dans une cuillère à soupe d'eau.

- Une fois liquide, mélangez-le dans un grand bol avec les œufs, le lait, le beurre d'arachide et l'huile.

- Ajoutez la préparation liquide aux ingrédients secs en brassant seulement jusqu'à ce que le tout soit humecté.

- Remplissez les moules aux 3/4 et cuisez au four environ 30 mn.

- Sortez les muffins du four, laissez-les refroidir un peu.

Le conseil

Si vous n'avez pas de moules en papier, utilisez à la place du papier sulfurisé ou du papier d'aluminium.

---

4 personnes

12 muffins

125 g de chocolat amer
1/2 tasse de farine de blé entier
1 tasse de farine
2 cuillères à soupe de cassonade
1 tasse de son naturel
1 cuillère à soupe de levure
1 pincée de sel
2 œufs
25 cl de lait
4 cuillères à soupe de beurre d'arachide
2 cuillères à soupe d'huile de maïs

PRÉPARATION
20 mn

CUISSON
30 mn

FACILE

BON MARCHÉ

Le Vin
Alsace Blanc

Crémant d'Alsace

desserts au chocolat

NEIGE BRÛLÉE AU CHOCOLAT BLANC

6 personnes

150 g de chocolat blanc
5 dl de crème liquide
2 grandes feuilles de gélatine
60 g de sucre glace
+ 1 cuillère à dessert

PRÉPARATION
25 mn

CUISSON
10 mn

RÉFRIGÉRATION
1 h

FACILE

RAISONNBALE

- Faites tremper la gélatine dans un bol d'eau froide pour la ramollir. Concassez grossièrement le chocolat et faites-le fondre au bain-marie.

- Portez à ébullition 1 dl seulement de crème liquide. Égouttez la gélatine en la pressant à la main, ajoutez-la, hors du feu, dans la crème, mélangez, versez dans le chocolat, mélangez à nouveau. Laissez refroidir sans figer complètement, le mélange doit rester malléable.

- Fouettez en chantilly le reste de crème avec le sucre glace. Ajoutez-la au mélange précédent. Répartissez dans 6 ramequins, placez au réfrigérateur.

- Saupoudrez de sucre glace, passez sous le grilloir pour caraméliser légèrement.

Le conseil

Cette recette peut également être réalisée avec du chocolat noir ou même du chocolat au lait.

Le Vin
Languedoc-Roussillon
Rouge

Banyuls

desserts au chocolat

NOUGAT GLACÉ AU CHOCOLAT ET AUX AMANDES

4 personnes

2 blancs d'œufs
100 g de chocolat à cuire
80 g de miel d'acacia
60 g d'amandes effilées
20 g de pépites de chocolat
1 filet d'huile
20 cl de crème fraîche

- Mettez les amandes effilées dans une poêle anti-adhésive, sans matière grasse, et faites-les blondir légèrement à feu vif.

- Cassez le chocolat en morceaux, mettez-les dans une casserole au bain-marie et laissez fondre doucement puis ajoutez les amandes effilées et les pépites de chocolat hors du feu.

- Montez les blancs d'œufs en neige ferme.

- Mettez le miel dans une casserole, portez à ébullition et versez sur les œufs en neige en fouettant puis ajoutez le chocolat fondu en mélangeant délicatement avec une spatule en bois. Laissez refroidir.

- Montez la crème fraîche en chantilly et incorporez au mélange précédent.

- Versez la préparation dans un moule à cake huilé et mettez au congélateur au moins 8 h.

- Au moment de servir, présentez le nougat glacé en tranches sur les assiettes de service, accompagné de gâteaux secs.

Le conseil

Pour obtenir les œufs en neige bien fermes, ajoutez une pincée de sel avant de commencer à fouetter les blancs

PRÉPARATION 30 mn
CUISSON 5 mn
RÉFRIGÉRATION 8 h
FACILE
RAISONNABLE

le Vin
Languedoc-Roussillon Blanc

Muscat de Rivesaltes

desserts au chocolat

ŒUFS EN COQUILLE AU CHOCOLAT

5 personnes

11 gros œufs + 3 jaunes
10 cl de crème fraîche liquide
2 cuillères 1/2 à soupe de rhum brun
150 g de chocolat noir
100 g de beurre
40 g + 2 cuillères à soupe de sucre en poudre
Bain d'eau vinaigrée

PRÉPARATION
30 mn + 10 mn la veille

CUISSON
10 mn

ASSEZ DIFFICILE

BON MARCHÉ

Le Vin
Champagne Rosé

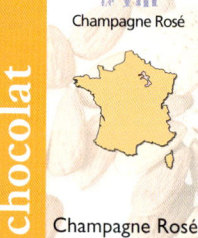

desserts au chocolat

Champagne Rosé

- La veille, piquez les œufs avec une aiguille aux 3/4 de leur hauteur. Avec des ciseaux, retirez les chapeaux. Videz-les et séparez le jaune des blancs. Rincez les coquilles à l'eau puis dans un bain d'eau vinaigrée. Ôtez les membranes internes et retournez-les sur un papier absorbant.

- Le lendemain, fouettez la crème très froide en chantilly, incorporez 1/2 cuillère à soupe de rhum. Réservez au frais.

- Préchauffez le four Th. 6 (180°C).

- Pour la ganache : faites fondre le chocolat en morceaux au bain-marie, ajoutez le beurre, 1 œuf, 2 jaunes, 40 g de sucre. Garnissez-en les coquilles aux 3/4. Placez au four, laissez cuire 10 mn.

- Dans une petite casserole, mélangez 2 cuillères à soupe de rhum, 2 de sucre, 1 d'eau et 1 jaune d'œuf. Faites épaissir sur feu doux. Hors du feu continuez à mélanger 2 mn.

- Remplissez les coquilles de chantilly. Versez le sabayon dans un cornet en papier sulfurisé et déposez-en une goutte sur la chantilly. Servez aussitôt avec le reste de sabayon à part.

Le conseil

Lorsque vous ferez cuire les coquilles, versez une couche épaisse de farine sur la lèche-frite du four puis disposez les coquilles. Elles seront ainsi bien calées.

ŒUFS À LA NEIGE AU CHOCOLAT

4 personnes

200 g de chocolat
1 l de lait
6 œufs + 3 jaunes
10 g de beurre
125 g de sucre en poudre
1 pincée de sel
1 cuillère à soupe rase de sucre glace

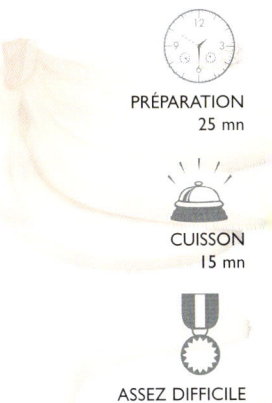

- Réservez 4 cuillerées à soupe de lait. Versez le reste dans une casserole avec 140 g de chocolat coupé en morceaux. Faites fondre sur feu doux en remuant sans arrêt.

- Cassez les œufs en séparant les blancs des jaunes. Travaillez tous les jaunes avec le sucre en poudre jusqu'à ce que le mélange blanchisse. Versez dessus le lait chocolaté brûlant tout en fouettant vivement. Mettez ce mélange dans une casserole. Chauffez sur feu doux en remuant sans cesse. Lorsque la crème épaissit et que la mousse disparaît, retirez du feu et versez dans un plat creux. Réservez au frais.

- Salez les blancs d'œufs et montez-les en neige. Dès qu'ils commencent à durcir, incorporez le sucre glace en fouettant jusqu'à ce qu'ils soient bien fermes. Ajoutez le reste de ce sucre au fur et à mesure qu'ils prennent de la consistance.

- Faites chauffer sur feu doux une grande casserole remplie d'eau. Aux premiers frémissements, plongez 4 cuillères à soupe de blancs en neige. Laissez 4 mn en les retournant à mi-cuisson. Prélevez-les avec une écumoire et égouttez-les sur un torchon. Lorsqu'ils sont refroidis, posez-les délicatement sur la crème froide.

- Avec le reste de chocolat et de lait, préparez une sauce au chocolat. Coulez aussitôt sur les blancs pour les décorer.

Le conseil

Lorsque vous mélangez le lait chocolaté aux œufs, transvasez la préparation dans une casserole à fond épais et laissez épaissir la crème doucement, surtout sans laisser bouillir.

PRÉPARATION 25 mn

CUISSON 15 mn

ASSEZ DIFFICILE

BON MARCHÉ

Le Vin
Jura Blanc

Vin de Paille

desserts au chocolat

OPÉRA

6 personnes

Génoise
- 4 œufs
- 120 g de sucre en poudre
- 40 g de farine
- 40 g de fécule
- 30 g de beurre

Crème au beurre
- 100 g de beurre
- 5 cl d'eau
- 70 g de sucre en poudre
- 1 cuillère à soupe d'extrait de café
- 2 œufs

Crème ganache
- 25 g de chocolat noir amer
- 20 cl de crème liquide

Glaçage
- 100 g de chocolat noir
- 20 g de beurre

PRÉPARATION 40 mn

CUISSON 25 mn

RÉFRIGÉRATION 1 h 15

ASSEZ DIFFICILE

ASSEZ CHER

Le Vin Sud-Ouest Blanc

desserts au chocolat

Jurançon

- Préchauffez le four Th. 7 (210°C).

Génoise
- Dans une terrine, mélangez les œufs et le sucre. Mettez au bain-marie et fouettez jusqu'à ce que le mélange forme un ruban. Hors du feu, continuez à battre jusqu'à complet refroidissement. Ajoutez la farine, la fécule et le beurre fondu. Beurrez un moule à manqué carré. Versez la préparation dans le moule et faites cuire 25 mn. Démoulez et laissez refroidir sur une grille.

Crème au beurre
- Laissez ramollir le beurre à température ambiante, pour faire une pommade. Faites bouillir le sucre avec les 5 cl d'eau pour former un sirop, ajoutez l'extrait de café. Battez un œuf entier avec un jaune. Versez dessus le sirop de sucre en filet, en continuant à battre. Incorporez le beurre et mélangez pour obtenir une crème lisse. Réservez.

Ganache
- Râpez le chocolat. Portez la crème à ébullition et versez-la sur le chocolat en mélangeant pour obtenir une crème lisse. Mettez ces deux préparations 15 mn au réfrigérateur.

Glaçage
- Faites fondre le chocolat cassé en morceaux avec une cuillerée d'eau, et le beurre pendant 1 mn au micro-ondes.

- Coupez la génoise en trois dans le sens de l'épaisseur. Posez une tranche de génoise sur le plat de service, tartinez-la de crème au beurre. Posez la deuxième couche de génoise, tartinez-la de ganache. Terminez par la troisième couche de génoise et tartinez-la de glaçage.

- Placez au réfrigérateur, 1 h au moins avant de servir.

ORANGES CONFITES AU CHOCOLAT

6 personnes

5 oranges non traitées
500 g de sucre en poudre
100 g de sucre cristallisé
200 g de chocolat noir

- Prélevez délicatement l'écorce des oranges. Découpez-la en bâtonnets en retirant le plus de peau blanche possible. Blanchissez tous les bâtonnets dans de l'eau bouillante pendant 10 mn. Plongez ensuite les bâtonnets dans un saladier d'eau fraîche et laissez-les 2 mn. Égouttez et réservez.

- Dans une casserole à fond épais, préparez un sirop avec le sucre en poudre et 1/2 l d'eau. Quand le sirop bout, plongez les bâtonnets d'écorce et laissez cuire à feu moyen pendant 5 mn. Laissez refroidir le tout dans la casserole. Le lendemain, faites chauffer la casserole à nouveau et maintenez l'ébullition pendant 5 mn. Laissez refroidir le tout.

- Recommencez l'opération pendant encore 5 jours (7 cuissons en tout). Égouttez alors les écorces d'orange et laissez-les sécher.

- Faites fondre le chocolat au bain-marie. Piquez chaque écorce d'orange avec une longue pique et plongez-la dans le chocolat chaud. Faites sécher sur une grille.

Le conseil

Les oranges confites se conservent 1 semaine dans une boîte métallique fermée.

PRÉPARATION
30 mn

CUISSON
45 mn (sur 7 jours)

FACILE

BON MARCHÉ

le Vin
Sud-Ouest Blanc

Monbazillac

desserts au chocolat

105

PAIN D'ÉPICES AU CHOCOLAT

10 personnes

500 g de farine de seigle
2 cuillères à café de levure chimique
500 g de miel
100 g de sucre en poudre
1 cuillère à café de bicarbonate de soude
60 g d'amandes hachées
30 g d'écorces d'oranges confites hachées
30 g d'écorces de citrons confites hachées
100 g de poudre de cacao amer
1 cuillère à café de cannelle en poudre
1 cuillère à café de clous de girofle en poudre
4 cuillères à soupe de lait
2 cuillères à soupe de sucre en poudre
Sucre glace

PRÉPARATION
25 mn + 1 h de repos

CUISSON
1 h

FACILE

RAISONNABLE

le Vin
Languedoc-Roussillon
Blanc

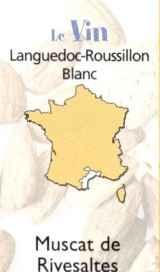

Muscat de Rivesaltes

desserts au chocolat

■ Dans une casserole, portez le miel à ébullition. Enlevez l'écume.

■ Mettez, dans une terrine, la farine. Creusez un puits, ajoutez le miel et mélangez avec une cuillère en bois jusqu'à obtention d'une pâte ferme. Formez une boule, enveloppez-la dans un linge et laissez reposer 1 h.

■ Ajoutez ensuite le sucre, le bicarbonate, la levure, les fruits confits et les amandes. Ajoutez enfin le cacao et les épices. Pétrissez bien la pâte pendant au moins 10 mn.

■ Étalez la pâte au rouleau et placez sur une plaque à rebords, légèrement beurrée.

■ Faites cuire au four Th. 6 (180°C) pendant 1 h. Quand le pain d'épices est cuit, badigeonnez-le à l'aide d'un pinceau trempé dans le lait sucré. Remettez au four quelques minutes.

■ Laissez refroidir et servez le pain d'épices coupé en carrés. Saupoudrez de sucre glace.

Le conseil

Pour parfaire la décoration, vous pouvez, à l'aide de pochoirs, faire des dessins avec le sucre glace.

PAIN PERDU AU CHOCOLAT

4 personnes

8 tranches de pain de mie
4 œufs
25 cl de lait
3 cuillères à soupe de sucre glace
1 noix de beurre
2 cuillères à soupe de cacao en poudre
100 g de fruits rouges

- Sur le plan de travail, aplatissez finement les tranches de pain de mie à l'aide d'un rouleau à pâtisserie. Réservez.

- Dans un saladier, mélangez les œufs, le lait et le sucre glace.

- Faites tremper les tranches de pain de mie dans la préparation.

- Dans une poêle, faites chauffer le beurre et faites-les dorer 1 à 2 mn de chaque côté.

- Coupez chaque tranche en 2 triangles et saupoudrez-les de cacao. Servez avec les fruits rouges.

Le conseil

Utilisez du pain de mie très frais sinon il risquerait de s'émietter lorsque vous l'aplatirez.

PRÉPARATION
10 mn

CUISSON
10 mn

TRÈS FACILE

BON MARCHÉ

Le Vin
Alsace Blanc

Gewurztraminer
vendanges tardives

desserts au chocolat

PETITS BISCUITS «MACARONS» AU CHOCOLAT

6 personnes

24 macarons
100 g de poudre d'amande
50 g de sucre glace + 20 g
50 g de sucre en poudre
3 blancs d'œufs
85 g de chocolat fondu
1 noix de beurre

PRÉPARATION
20 mn

RÉFRIGÉRATION
15 mn

CUISSON
25 mn

FACILE

BON MARCHÉ

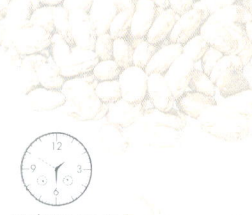

Le Vin
Val de Loire Blanc

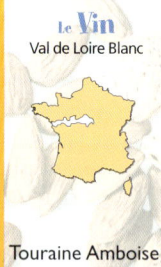

Touraine Amboise

desserts au chocolat

- Préchauffez le four Th. 5/6 (165°C).

- Dans un bol, mélangez les amandes, les 2 sucres et les blancs d'œufs. Incorporez le chocolat fondu et mélangez bien. Mettez au réfrigérateur 15 mn.

- Beurrez une grande feuille de papier sulfurisé, déposez-la sur la plaque métallique du four. À l'aide d'une cuillère à soupe, disposez des petits tas de pâte sur le papier sulfurisé, suffisamment espacés.

- Saupoudrez chaque petit tas de pâte de sucre glace et laissez cuire 12 mn. Faites l'opération une deuxième fois avec le reste de pâte.

- Laissez reposer au moins 10 mn avant de servir.

Le conseil

Si vous n'avez pas de papier sulfurisé, vous pouvez utiliser du papier aluminium.

PETITS FOURS AUX AMANDES ET AU CHOCOLAT

5 personnes

15 petits fours

100 g de poudre d'amandes
100 g de sucre glace
2 œufs
50 g de beurre fondu
20 g de farine
2 cuillères à soupe de cacao
50 g d'amandes effilées

- Mélangez dans un saladier la poudre d'amande, le sucre, les œufs, la farine, le cacao et enfin le beurre fondu.

- Disposez des caissettes en papier sur une plaque de four et remplissez-les de la préparation aux amandes.

- Parsemez d'amandes effilées et faites cuire 7 mn.

- Laissez refroidir avant de servir.

Le conseil

Vous pouvez remplacer les amandes par de la noix de coco

PRÉPARATION 15 mn

CUISSON 7 mn

FACILE

BON MARCHÉ

Le Vin
Champagne

desserts au chocolat

POIRES BELLE-HÉLÈNE SUR MUFFIN

4 personnes

150 g de chocolat à cuire
2 cuillères à soupe de crème fleurette
2 muffins coupés en deux et légèrement grillés
8 cuillères à soupe de crème glacée à la vanille
4 demi-poires
2 cuillères à soupe d'amandes effilées
Quelques fruits rouges et quelques feuilles de menthe pour la décoration

PRÉPARATION 10 mn

CUISSON 10 mn

FACILE

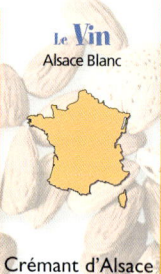

RAISONNABLE

desserts au chocolat

Le Vin
Alsace Blanc

Crémant d'Alsace

■ Dans une petite casserole au bain-marie, faites fondre le chocolat et ajoutez la crème. Chauffez à feu doux jusqu'à ce que la crème soit homogène. Réservez au chaud.

■ Déposez chaque demi-muffin au centre des assiettes de service.

■ Garnissez de crème glacée à la vanille, d'une demi-poire, de chocolat et d'amandes effilées.

■ Décorez avec les fruits rouges et la menthe.

Le conseil

Vous pouvez faire légèrement griller les amandes dans une poêle sans matière grasse. L'effet sera plus esthétique sans dénaturer les goûts du plat.

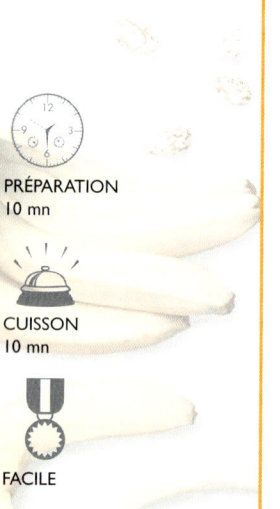

110

POIRES POCHÉES AU CHOCOLAT

4 personnes

4 poires
1 plaquette de chocolat à cuire
1 orange

Sirop
Le jus d'1 orange
100 g de sucre
50 cl d'eau

- Lavez l'orange. Prélevez-en le zeste avec un couteau économe.

- Épluchez les poires. Pochez-les dans le sirop pendant 5 mn. Égouttez-les, réservez.

- Cassez le chocolat en morceaux dans une casserole. Ajoutez une cuillère à soupe d'eau et faites fondre au bain-marie.

- Disposez une poire sur chaque assiette de service, nappée de chocolat chaud. Décorez de zeste d'orange.

- Servez aussitôt.

Le conseil

Choisissez de préférence une orange non traitée, sinon lavez-la soigneusement à l'eau froide avant de prélever le zeste.

PRÉPARATION 15 mn

CUISSON 5 mn

TRÈS FACILE

BON MARCHÉ

Le Vin
Val de Loire Rosé

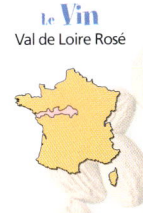

Sancerre

desserts au chocolat

PROFITEROLES AU CHOCOLAT

6 personnes

200 g de beurre
180 g de farine
6 œufs
2 cuillères à café de sucre en poudre
1 pincée de sel
200 g de chocolat noir
1 l de glace à la vanille
1/2 l de crème anglaise
3 brins de menthe
Fruits frais (clémentines, kiwis, fraises, groseilles)
1 pincée de sel

PRÉPARATION
30 mn

CUISSON
20 à 25 mn

ASSEZ DIFFICILE

RAISONNABLE

Le Vin
Languedoc-Roussillon Rouge

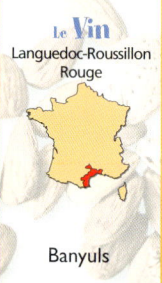

Banyuls

desserts au chocolat

■ Dans une casserole, faites chauffer 75 cl d'eau avec 150 g de beurre en morceaux, le sucre en poudre et 1 pincée de sel. Dès que le beurre est fondu, retirez la casserole du feu et versez la farine.

■ Mélangez avec une cuillère en bois et reportez sur le feu. Continuez à mélangez jusqu'à ce que la pâte n'adhère plus aux parois de la casserole. Laissez tiédir la préparation hors du feu pendant 10 mn. Ajoutez les œufs, un à un, en remuant bien entre chaque œuf.

■ Préchauffez le four Th. 5 (150°C). Beurrez une plaque à pâtisserie. À l'aide d'une poche à douille, déposez 18 boules de pâte en les espaçant pour leur laisser la place de gonfler. Enfournez dans le four chaud pour 20 à 25 mn.

■ Laissez refroidir les choux à température ambiante. 10 mn avant de servir, mettez le chocolat dans une casserole avec le reste de beurre et 3 cuillères à soupe d'eau. Faites fondre sur feu très doux en remuant avec une cuillère en bois jusqu'à ce que le mélange soit lisse. Pendant ce temps, ouvrez les choux en deux dans l'épaisseur et garnissez-les avec une boule de glace à la vanille.

■ Nappez le fond des assiettes de service avec la crème anglaise, déposez 3 choux et arrosez avec le chocolat chaud. Décorez avec les feuilles de menthe et des fruits frais. Servez sans attendre.

Le conseil

Les choux peuvent avoir l'air cuits sans l'être : ils sont cuits quand ils résistent à la pression du doigt.

RAVIOLES AU CHOCOLAT ET À L'ORANGE

6 personnes

6 oranges
50 g de chocolat noir
1 cuillère à café de cacao
45 g d'eau
2 œufs
200 g de farine
1 pointe de sel
135 g de sucre en poudre
25 cl de crème anglaise prête à l'emploi

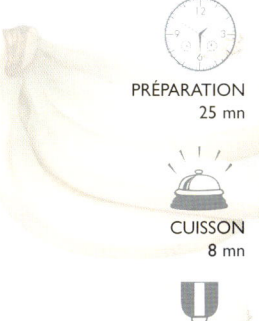

- Au bain-marie faites fondre le chocolat avec l'eau, ajoutez le cacao et un œuf entier battu à la fourchette, le sel puis la farine. Mélangez pour former une boule de pâte.

- Prélevez le zeste de 2 oranges et taillez-la en très fins bâtonnets. Faites-les cuire 2 mn dans un sirop fait avec le sucre et 10 cl d'eau. Épluchez le reste des oranges, ôtez la peau épaisse et séparez les quartiers.

- Étalez la pâte au chocolat assez finement. Découpez 36 disques de 4 cm de diamètre. Dorez les bords de pâte avec le dernier œuf battu à la fourchette.

- Sur la moitié des disques déposez un quartier d'orange. Recouvrez d'un second rond de pâte en appuyant sur les bords pour les coller.

- Plongez les ravioles 8 mn à l'eau bouillante légèrement salée.

- Versez la crème anglaise sur le fond des assiettes. Dressez les ravioles encore tièdes, décorez de zeste d'orange égoutté.

Le conseil

Pour être certain que les ravioles restent bien fermées à la cuisson, humidifiez les bords à l'aide d'un pinceau et d'un peu d'eau puis pincez-les.

PRÉPARATION
25 mn

CUISSON
8 mn

FACILE

BON MARCHÉ

le Vin
Val de Loire Blanc

Vouvray

desserts au chocolat

ROCHERS AU CHOCOLAT

7 à 8 personnes

30 rochers
400 g de praliné
150 g de chocolat au lait
Sucre glace
1 kg de chocolat noir de couverture
400 g d'amandes hachées

PRÉPARATION
15 mn

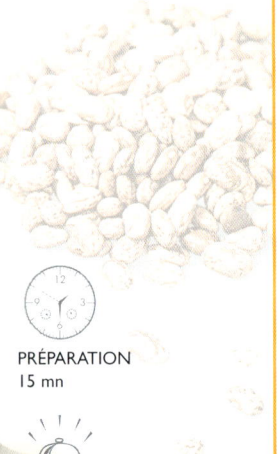

CUISSON
5 mn

RÉFRIGÉRATION
40 mn

FACILE

BON MARCHÉ

le Vin
Languedoc-Roussillon
Rouge

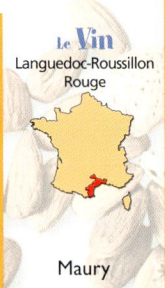

Maury

desserts au chocolat

- Faites griller légèrement les amandes au four Th. 4 (120°C).

- Cassez le chocolat au lait et le praliné et faites-les fondre au bain-marie. Laissez refroidir.

- Recouvrez une plaque de papier sulfurisé et à l'aide d'une poche à douille, posez dessus des petites boules de chocolat-praliné.

- Mettez la plaque au réfrigérateur pendant 40 mn.

- Faites fondre le chocolat de couverture au bain-marie. Puis ajoutez les amandes hachées.

- Sortez les boules de praliné du réfrigérateur, roulez-les dans le sucre glace puis trempez-les dans le chocolat aux amandes.

- Laissez-les refroidir et servez.

Le conseil

Si vous préférez, vous pouvez remplacer les amandes par des noix.

SANDWICH AU CHOCOLAT ET AUX FRAISES

4 personnes

8 grandes tranches de pain brioché
50 g de Nutella
250 g de fraises équeutées et coupées en lamelles
4 œufs
50 g de sucre
1 cuillère à café d'essence de vanille
25 cl de lait
1 cuillère à soupe d'huile

PRÉPARATION
15 mn

CUISSON
5 mn

TRÈS FACILE

BON MARCHÉ

- Tartinez quatre tranches de pain de Nutella. Déposez les lamelles de fraises et recouvrez avec les tranches de pain.

- Dans un bol, battez les œufs avec le sucre, la vanille et le lait.

- Dans une poêle à revêtement anti-adhésif, faites chauffer l'huile à feu moyen. Trempez délicatement un sandwich dans le mélange et déposez-le dans la poêle chaude 2 mn, puis retournez-le afin de faire dorer l'autre côté encore 2 mn.

- Servez chaud.

Le conseil

On peut remplacer les fraises par d'autres fruits si désiré (bananes, poires, mûres, etc.).

Le Vin
Languedoc-Roussillon Rouge

Muscat

desserts au chocolat

SORBET POIRE ET MOUSSE AU CHOCOLAT

6 personnes

Sorbet
400 g de poires
1 dl de jus de citron
180 g de sucre semoule

Mousse
200 g de chocolat noir
100 g de beurre
3 œufs
1 sachet de sucre vanillé
Quelques feuilles de menthe pour la décoration

PRÉPARATION
20 mn

CUISSON
5 mn

RÉFRIGÉRATION
6 h

FACILE

BON MARCHÉ

Le Vin
Languedoc-Roussillon
Rouge

Maury

Mousse

- Faites fondre le chocolat avec le beurre au bain-marie, mélangez pour lisser et homogénéisez puis ajoutez les jaunes d'œufs, un à un en fouettant. Montez les blancs en neige ferme et ajoutez le sucre vanillé à mi-parcours.

- Incorporez-les au chocolat fondu, en soulevant délicatement la mousse. Placez au réfrigérateur au moins 6 h.

Sorbet

- Pelez et épépinez les poires, mixez-les avec le jus de citron. Portez 10 cl d'eau et le sucre à ébullition afin de faire un sirop. Ajoutez-le dans le bol du mixeur et mélangez pendant 1 mn. Versez dans la sorbetière et placez au froid.

- Répartissez la mousse à l'aide d'une poche à douille cannelée en la moulant directement sur les assiettes de service ou dans des tartelettes de pâte sablée. Déposez deux boules de sorbet, décorez de feuilles de menthe et servez sans attendre.

Le conseil

Si vous ne disposez pas de sorbetière, versez la préparation dans un récipient que vous mettez au freezer, battez la crème de temps en temps à la fourchette, jusqu'à ce qu'elle durcisse. Vous éviterez alors la formation de cristaux.

desserts au chocolat

SOUFFLÉ GLACÉ AU CHOCOLAT

6 personnes

2 jaunes d'œufs
25 g de sucre
10 cl de sirop d'érable
2 cuillères à soupe de cacao
+ 2 cuillères à café
75 g de crème fraîche

- Battez les jaunes d'œufs dans un bol avec le sucre jusqu'à ce que le mélange blanchisse.

- Incorporez alors la moitié du sirop d'érable et 2 cuillères à soupe de cacao. Mélangez bien et réservez.

- Dans une petite casserole, amenez à ébullition l'autre moitié du sirop d'érable. Réservez au chaud.

- Montez les blancs d'œufs en neige ferme et versez le sirop d'érable chaud tout en fouettant.

- Fouettez la crème jusqu'à ce qu'elle soit ferme.

- Incorporez les préparations précédentes et mélangez doucement à la spatule.

- Versez le mélange dans des ramequins et déposez au congélateur pendant au moins 4 h.

- Démoulez et saupoudrez de cacao.

Le conseil

Servez avec une crème anglaise à l'érable et un coulis de chocolat.

PRÉPARATION 20 mn
CUISSON 2 mn
RÉFRIGÉRATION 4 h
FACILE
BON MARCHÉ

Le Vin
Sud-Ouest Blanc 
Jurançon doux

desserts au chocolat

SOUFFLÉS AU CHOCOLAT ET AUX FRAMBOISES

4 personnes

15 g de beurre
100 g de chocolat amer
4 cuillères à soupe de Cointreau
4 œufs
2 cuillères à soupe de farine
80 g de sucre
Quelques boules de sorbet de citron
50 g de framboises
Sucre glace

PRÉPARATION 20 mn

CUISSON 20 mn

FACILE

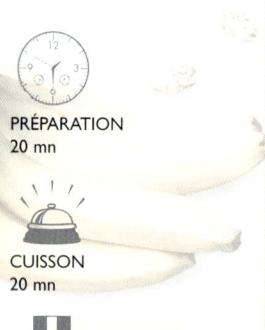

RAISONNABLE

le Vin
Champagne

desserts au chocolat

Champagne

- Préchauffez le four Th. 6/7 (190°C). Cassez le chocolat en petits morceaux et faites-le fondre dans le Cointreau à feu doux. Remuez vivement jusqu'à ce qu'il soit bien lisse et complètement fondu. Laissez refroidir un peu.

- Ajoutez la farine, le sucre et mélangez au chocolat tiède. Séparez les blancs des jaunes d'œufs. Montez les blancs d'œufs en neige ferme au batteur électrique. Incorporez-les délicatement par cuillerées à la préparation chocolatée.

- Versez la préparation dans des ramequins beurrés. Faites cuire au four 10 mn. Sortez-les du four et laissez-les refroidir quelques minutes. Démoulez-les sur la plaque du four et passez-les au four à nouveau 10 mn.

- Au moment de servir, saupoudrez de sucre glace. Ajoutez des boules de sorbet au citron et quelques framboises.

Le conseil

Remplacez la farine par de la maïzena, les soufflés seront plus légers.

TARTELETTES AU CHOCOLAT ET AUX NOIX

4 personnes

250 g de pâte sablée toute prête
100 g de chocolat noir amer
25 g de beurre
100 g de cerneaux de noix + 4 cerneaux
2 cuillères à soupe de miel d'acacia

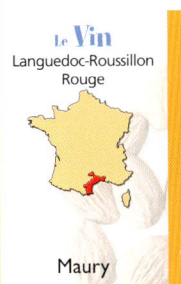

PRÉPARATION 20 mn
CUISSON 15 mn
RÉFRIGÉRATION 1h
FACILE
BON MARCHÉ

- Préchauffez le four Th. 7 (210°C).

- Étalez la pâte sur un plan de travail fariné. Découpez 4 ronds suffisamment grands pour garnir 4 moules à tartelettes.

- Piquez la pâte avec une fourchette pour éviter qu'elle ne gonfle à la cuisson et mettez au four 15 mn.

- Sortez alors du four pour démouler et laissez refroidir.

- Cassez le chocolat en morceaux, mettez-les dans une casserole au bain-marie et laissez fondre à feu doux puis ajoutez le miel et les cerneaux de noix.

- Mélangez bien et garnissez chaque fond de tartelette.

- Mettez au réfrigérateur au moins 1 h avant de servir.

- Décorez chaque tartelette avec un cerneau de noix.

Le conseil

Pour éviter que la pâte ne gonfle, vous pouvez aussi couvrir le fond de tarte de haricots blancs que vous jetterez lorsque la pâte sera cuite.

Le Vin
Languedoc-Roussillon Rouge
Maury

desserts au chocolat

TARTE À LA MOUSSE AU CHOCOLAT BLANC

6 personnes

250 g de pâte sablée toute prête

Mousse au chocolat blanc

230 g de chocolat blanc en morceaux
230 g de beurre mou
3 jaunes d'œufs
2 blancs d'œufs montés en neige
50 g de sucre cristallisé
100 g de chocolat râpé

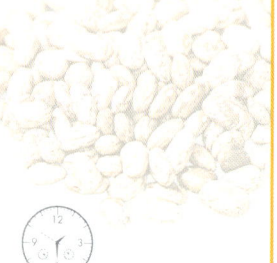

PRÉPARATION
25 mn

CUISSON
10 mn

RÉFRIGÉRATION
2 h

FACILE

RAISONNABLE

le Vin
Champagne Rosé

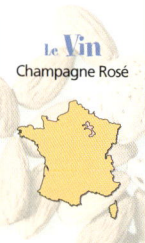

- Préchauffez le four Th. 6 (180°C).

- Étalez la pâte et garnissez-en un moule à tarte, piquez-la à l'aide d'une fourchette pour éviter qu'elle ne gonfle et mettez au four 10 mn.

Mousse au chocolat blanc

- Dans un bain-marie, faites fondre le chocolat et beurrez-le tout en fouettant. Retirez du feu et transvasez dans un saladier.

- Ajoutez les jaunes d'œufs un par un en fouettant jusqu'à ce que le mélange devienne crémeux et épais.

- Battez les blancs d'œufs en neige ferme, ajoutez le sucre à mi-opération. Ajoutez délicatement à la première préparation avec une spatule en bois.

- Versez la préparation sur le fond de tarte et mettez au réfrigérateur pendant 2 h. Au moment de servir, saupoudrez de chocolat râpé.

Le conseil

On peut également procéder de la même façon avec du chocolat noir. Décorez alors la tarte avec du chocolat blanc râpé.

desserts au chocolat

Champagne rosé

TARTE AU CHOCOLAT, AUX BANANES ET AUX NOIX

4 personnes

250 g de pâte sablée prête à l'emploi
250 g de chocolat à cuire
5 bananes
100 g de cerneaux de noix
100 g de beurre
100 g de sucre
2 jaunes d'œufs

- Préchauffez le four Th. 6 (180°C).

- Étalez la pâte et garnissez-en un moule à tarte. Piquez la surface de la pâte avec une fourchette et couvrez d'une feuille de papier. Mettez au four et laissez cuire 20 mn.

- Faites fondre le chocolat au bain-marie avec une cuillère à soupe d'eau, lorsqu'il est fondu, ajoutez le beurre en noisettes. Mélangez bien, laissez tiédir quelques minutes puis ajoutez les jaunes d'œufs et le sucre. Mélangez bien. Réservez.

- Pelez les bananes et coupez-les en rondelles. Réservez-en quelques unes pour la décoration ainsi que quelques cerneaux de noix.

- Disposez les bananes sur le fond de tarte avec les cerneaux de noix. Nappez de préparation au chocolat et mettez au four 10 mn. Laissez ensuite refroidir.

- Au moment de servir, démoulez la tarte, décorez-la avec les rondelles de bananes et les cerneaux de noix réservés.

Le conseil

Si vous voulez gagner un peu de temps, faites fondre le chocolat au micro-ondes avec le beurre et l'eau à pleine puissance pendant 1 mn. Vous obtiendrez un résultat très satisfaisant.

PRÉPARATION 20 mn
CUISSON 30 mn
FACILE
BON MARCHÉ

Le Vin
Val de Loire Blanc

Touraine Amboise

desserts au chocolat

TARTE AU CHOCOLAT ET À LA NOIX DE COCO

6 à 8 personnes

Pâte sablée à la noix de coco
90 g de sucre cristallisé
1 œuf battu
1 pincée de sel
230 g de farine
30 g de noix de coco râpée
120 g de beurre mou

Mousse au chocolat
2 jaunes d'œufs
40 cl de crème fraîche
150 g de chocolat noir
150 g de chocolat blanc
Quelques framboises

PRÉPARATION
30 mn

CUISSON
10 mn

RÉFRIGÉRATION
2 h

FACILE

RAISONNABLE

Le Vin
Bordeaux Blanc

Sauternes

desserts au chocolat

- Préchauffez le four Th. 6 (180°C).

Pâte

- Dans un bol, mélangez bien avec un fouet le sucre, l'œuf et le sel. Ajoutez la farine et la noix de coco d'un coup, travaillez la pâte et émiettez-le avec les doigts. Ajoutez le beurre, incorporez bien à la pâte. Formez une boule. Étalez la pâte au rouleau, garnissez-en un moule à tarte. Piquez-la avec une fourchette et mettez au four 10 mn. Réservez.

Mousse au chocolat

- Dans une casserole au bain-marie, déposez les jaunes d'œufs et la moitié de la crème, réchauffez doucement en fouettant puis incorporez le chocolat noir sans cesser de battre jusqu'à ce qu'il soit fondu. Retirez du feu et réservez. Dans une autre casserole au bain-marie, déposez le chocolat blanc et la crème restante. Réchauffez à feu doux et fouettez jusqu'à ce que le mélange soit complètement fondu. Retirez du feu et laissez refroidir.

- Déposez en alternance de grosses cuillères du mélanges de chocolat blanc et noir sur le fond de pâte sablée. Une fois l'opération terminée, dessinez des marbrures en passant une fourchette doucement à travers la mousse. Réfrigérez 2 h afin de laisser prendre la mousse. Au moment de servir, décorez la tarte de framboises fraîches.

Le conseil

Si vous pouvez en trouver, remplacez la crème fraîche utilisée avec le chocolat blanc par de la crème sûr, les Canadiens en utilisent beaucoup et c'est délicieux.

TARTE CHOCOLATÉE AUX FRAISES

8 personnes

500 g de fraises
250 g de farine
50 g de sucre
125 g de beurre mou
1 œuf
250 g de chocolat noir
4 cuillères à soupe de confiture de fraises
1 pincée de sel

- Dans un saladier, mélangez le sucre, l'œuf, la pincée de sel. Ajoutez la farine. Travaillez la préparation à la spatule, puis avec les mains. Incorporez le beurre en petits morceaux. Pétrissez jusqu'à ce que la pâte ne colle plus aux doigts. Étalez et garnissez-en un moule à tarte.

- Tapissez l'intérieur de papier d'aluminium pour éviter que les bords ne s'affaissent. Mettez à cuire Th. 6 (180°C) pendant 30 mn. Une fois cuite, laissez la pâte refroidir.

- Lavez, équeutez et séchez les fraises. Dans une petite poêle, faites fondre le chocolat à feu doux. Hors du feu, ajoutez la moitié de la confiture et garnissez le fond de tarte de ce mélange.

Disposez alors les fraises et recouvrez avec le reste de la confiture.

Le conseil

Disposez quelques haricots secs sur la papier d'aluminium, vous serez sûr que la pâte ne gonflera pas.

PRÉPARATION 25 mn
CUISSON 30 mn
FACILE
RAISONNABLE

Le Vin
Sud-Ouest Blanc

Monbazillac

desserts au chocolat

123

TERRINE GLACÉE AU CHOCOLAT

8 personnes

8 macarons aux amandes
50 cl de crème fleurette
400 g de chocolat à cuire
4 jaunes d'œufs + 3 blancs
1 pincée de sel
1/2 l de crème anglaise

PRÉPARATION
20 mn

CUISSON
5 mn

RÉFRIGÉRATION
2 h

FACILE

BON MARCHÉ

Le Vin
Languedoc-Roussillon
Blanc

Muscat de Frontignan

desserts au chocolat

- Mixez les macarons pour obtenir une poudre.

- Fouettez la crème très froide jusqu'à ce qu'elle devienne ferme, ajoutez délicatement la poudre de macarons.

- Cassez le chocolat en morceaux, mettez-les dans une casserole au bain-marie, ajoutez une cuillère à soupe d'eau et faites fondre. Retirez du feu et ajoutez les jaunes d'œufs un à un.

- Montez les blancs en neige avec le sel puis incorporez-les au chocolat.

- Huilez un moule à cake, versez la moitié de la chantilly aux macarons, la crème au chocolat puis le reste de crème aux macarons. Lissez la surface et mettez au congélateur au moins 2 h.

- Servez aussitôt accompagnée de crème anglaise.

Le conseil

Pour être sûr de réussir la chantilly, mettez la crème dans un saladier et ce saladier dans un autre rempli de glaçons.

124

TIMBALES DE CHOCOLAT AU COULIS DE CERISES

6 personnes

Coulis de cerises
25 cl de jus d'orange
300 g de cerises dénoyautées
10 cl de sirop d'érable

Timbales
3 œufs
10 cl de sirop d'érable
35 cl de lait chaud
250 g de fromage blanc lissé
120 g de chocolat noir fondu
2 cuillères à soupe de beurre mou
3 tranches de pain de mie coupées en morceaux
2 cuillères à soupe de cacao
1 cuillère à café d'essence de vanille
Quelques copeaux de chocolat pour la décoration

PRÉPARATION 15 mn
CUISSON 50 mn
FACILE
RAISONNABLE

le Vin
Bordeaux Rosé
Clairet

desserts au chocolat

- Dans une casserole, amenez à ébullition le jus d'orange, les cerises et le sirop d'érable. Laissez mijoter 10 mn à feu doux.

- Laissez refroidir puis retirez la moitié des cerises et réservez. Mixez l'autre moitié, passez au tamis et réservez.

- Préchauffez le four Th. 6 (180°C).

- Fouettez les œufs et le sirop d'érable, incorporez le lait chaud, le fromage blanc, le chocolat fondu, le beurre, les morceaux de pain de mie, le cacao et la vanille.

- Mélangez bien puis ajoutez les cerises entières.

- Versez la préparation dans des ramequins beurrés et faites cuire au four et au bain-marie 35 à 40 mn.

- Laissez refroidir et démoulez sur les assiettes de service. Servez avec le coulis de cerises et décorez de copeaux de chocolat.

Le conseil

Si ce n'est pas la saison, vous pouvez utiliser des cerises surgelées.

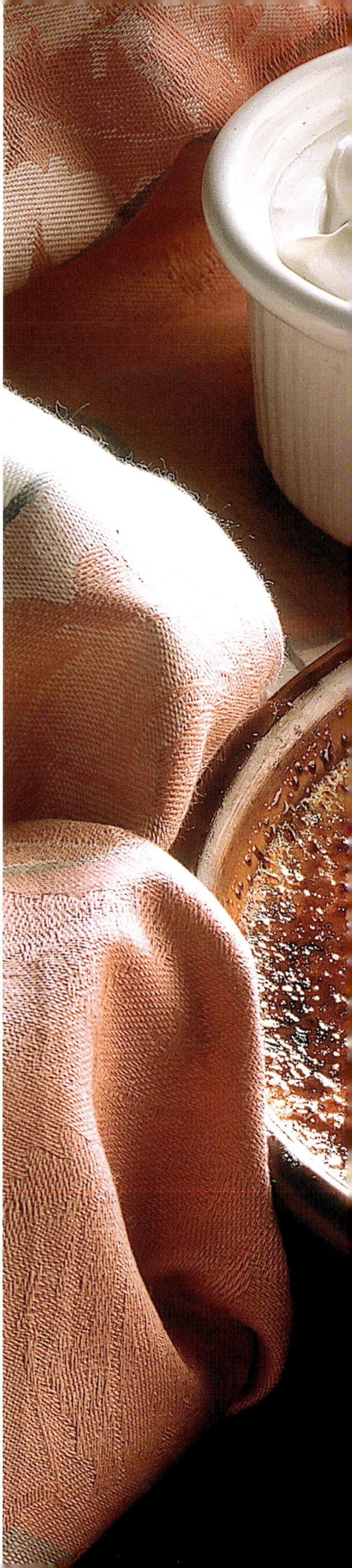

Entremets

BLANC-MANGER AUX ABRICOTS

4 personnes

2 abricots
40 g d'amandes effilées

Blanc-manger
20 cl de lait
120 g d'amandes en poudre
3 jaunes d'œufs
70 g de sucre en poudre
1 sachet de sucre vanillé
2 feuilles de gélatine
20 cl de crème liquide
2 gouttes d'extrait d'amande amère

Coulis
500 g d'abricots
150 g de sucre
1 jus de citron

Sirop
50 cl d'eau
250 g de sucre
1 gousse de vanille
1/2 jus de citron

PRÉPARATION
30 mn

CUISSON
40 mn

RÉFRIGÉRATION
2 h

FACILE

BON MARCHÉ

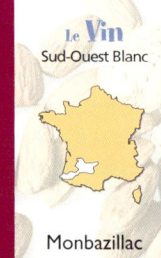

Le Vin
Sud-Ouest Blanc

Monbazillac

entremets

- Placez la crème fraîche au réfrigérateur.

- Préparez le coulis : retirez les noyaux des abricots et mettez ces derniers dans une casserole sur feu doux avec le sucre, 3 cuillères à soupe d'eau. Tournez pendant la cuisson. Lorsque les fruits sont juste cuits, mixez-les avec le jus de citron. Laissez refroidir et réservez au réfrigérateur.

- Dans une casserole, rassemblez tous les éléments du sirop, et portez à ébullition.

- Faites pocher les deux abricots coupés en deux et dénoyautés, pendant 15 mn. Égouttez-les et laissez refroidir.

- Préparez le blanc-manger : mettez la gélatine à tremper dans un bol d'eau froide. Faites bouillir le lait puis ajoutez 35 g de sucre, le sucre vanillé, la poudre d'amande et l'extrait d'amande amère.

- Mélangez et laissez infuser 5 mn hors du feu. Filtrez-le et faites-le réchauffer.

- Mélangez le reste de sucre avec les jaunes d'œufs, ajoutez le lait en fouettant pour ne pas cuire les jaunes. Pressez la gélatine pour retirer l'excès d'eau et ajoutez-la à la préparation. Faites refroidir.

- Rafraîchissez un récipient avec des glaçons, fouettez la crème en chantilly dedans. Lorsqu'elle est bien ferme, ajoutez-la à la crème d'amandes.

- Badigeonnez 4 bols d'huile. Posez au fond de chacun un oreillon d'abricot, face creuse en contact avec le bol.

- Répartissez la crème dans ceux-ci et placez au réfrigérateur au moins 2 h.

- Démoulez sur assiette, parsemez d'amandes effilées et versez le coulis autour.

CRÈME À L'ORANGE À LA VERGEOISE BRUNE

6 à 8 personnes

75 cl de lait
2 cuillères à soupe de zeste d'orange râpé
1 dl de jus d'orange
3 œufs + 5 jaunes
120 g de vergeoise brune

PRÉPARATION 20 mn

CUISSON 25 mn

TRÈS FACILE

BON MARCHÉ

- Plongez le zeste une minute dans l'eau bouillante, égouttez. Faites bouillir le lait avec le zeste.

- Fouettez les œufs entiers, les jaunes, le jus d'orange avec la vergeoise. Délayez peu à peu avec le lait bouillant.

- Préchauffez le four Th. 4 (120°C).

- Versez la crème dans 6 ou 8 moules individuels en porcelaine à feu.

- Mettez-les au bain-marie dans un grand plat. Enfournez pendant 25 mn.

- Servez froid ou tiède.

Le conseil

Si vous voulez être sûr que l'entremet est assez cuit, plongez la lame d'un couteau dans un ramequin. Si elle ressort sèche, l'entremet est cuit.

Le Vin
Alsace Blanc

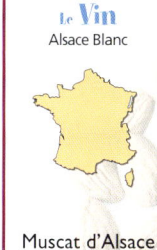

Muscat d'Alsace

entremets

CRÈME À LA BANANE ET AU SÉSAME

4 personnes

2 bananes
140 g de sucre
10 cl de lait
40 cl de crème liquide
1 œuf + 3 jaunes
Le jus d'1 citron vert
1/2 cuillère à café d'extrait d'amande
1 cuillère à soupe de graines de sésame

PRÉPARATION
20 mn

CUISSON
50 mn

FACILE

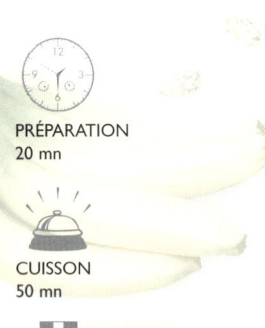

BON MARCHÉ

Le Vin
Languedoc-Roussillon Blanc

Muscat de Rivesaltes

entremets

- Préchauffez le four Th. 4 (120 °C).

- Épluchez une banane, coupez-la en morceaux. Mettez-les dans le bol d'un mixeur avec 60 g de sucre, le lait, la crème, les œufs, le jus de citron et l'extrait d'amande. Mixez rapidement jusqu'à obtenir une crème homogène.

- Répartissez cette crème dans 4 plats à œufs. Placez-les sur une plaque à four. Glissez au four pendant 50 mn. Laissez refroidir.

Caramel

- Dans une petite casserole, versez le reste de sucre, mouillez d'une cuillerée d'eau. Laissez cuire à feu doux jusqu'à obtenir un caramel noisette. Laissez refroidir légèrement.

- Épluchez la dernière banane, coupez-la en 12 rondelles. Déposez-les sur une grille à pâtisserie et nappez chaque rondelle d'un peu de caramel.

- Au moment de servir, posez 3 rondelles de banane sur chaque crème, parsemez de graines de sésame et faites dorer sous le gril du four. Servez aussitôt.

Le conseil

Pour obtenir des crèmes plus moelleuses, faites-les cuire au bain-marie chaud dans le four.

CRÈME À LA VANILLE

6 personnes

8 jaunes d'œufs
150 g de sucre en poudre
1 l de lait
3 gousses de vanille

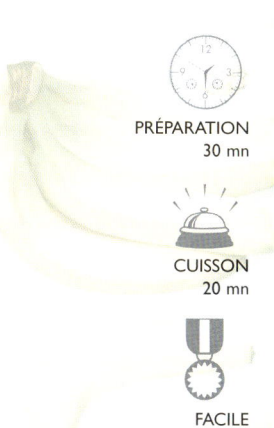

- Mettez les jaunes d'œufs dans une jatte et ajoutez le sucre en poudre et la fécule. Mélangez vigoureusement avec un fouet jusqu'à ce que le mélange blanchisse.

- Faites bouillir le lait additionné des gousses de vanille fendues en deux.

- Versez petit à petit sur les œufs sans cesser de fouetter. Reversez ce mélange dans la casserole et chauffez à feu très doux sans cesser de mélanger pendant 20 mn.

- Passez la crème au travers d'un chinois et répartissez-la dans 6 coupelles de service.

- Réservez au frais jusqu'au moment de servir.

Le conseil

Pour empêcher la crème de tourner, ajoutez 1 cuillère à soupe de fécule de pommes de terre avec le sucre en poudre.

PRÉPARATION 30 mn
CUISSON 20 mn
FACILE
BON MARCHÉ

Le Vin
Languedoc-Roussillon Rouge

Banyuls

entremets

CRÈME AU CITRON VERT À LA CITRONNELLE ET AU MIEL

4 personnes

2 branches de citronnelle fraîches + 1 pour la décoration
4 citrons verts non traités
6 oranges
6 feuilles de gélatine
2 œufs
2/3 cuillère à soupe de miel de lavande
1 pincée de sel
300 g de yaourt maigre

PRÉPARATION 30 mn

CUISSON 5 mn

FACILE

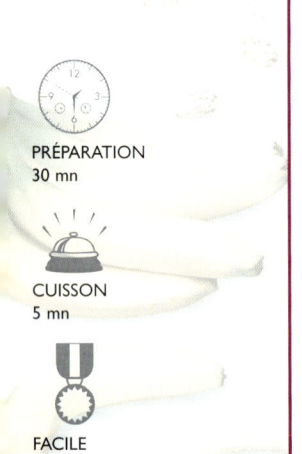

RAISONNABLE

Le Vin
Sud-Ouest Blanc

entremets

Monbazillac

- Coupez la citronnelle en morceaux. Pressez 3 citrons verts et 4 oranges. Mesurez 50 cl de jus (réservez-en une cuillère à soupe) et faites cuire avec la citronnelle que vous retirerez ensuite. Faites ramollir les feuilles de gélatine dans l'eau froide.

- Séparez les jaunes des blancs d'œufs. Dans un saladier, battez les jaunes d'œuf, le miel et 1 cuillère à soupe de jus d'orange-citron réservé.

- Laissez égoutter la gélatine. Plongez-la dans le jus de fruit chaud et remuez jusqu'à dissolution de celle-ci. Laissez refroidir le jus de fruit. Puis, ajoutez-y le mélange avec le jaune d'œufs. Versez le tout dans un saladier et mettez au frais. Battez les blancs en neige avec 1 pincée de sel.

- Nettoyez le citron vert restant, râpez une fine couche de zeste puis épluchez-la grossièrement ainsi que les oranges restantes. Séparez les quartiers des fruits.

- Dès que la crème commence à gélifier, ajoutez les blancs en neige, les quartiers de fruits, le yaourt et le zeste de citron vert. Remplissez les coupes de service et mettez au frais.

- Avant de servir, décorez avec la branche de citronnelle restante ciselée.

Le conseil

Vous trouverez de la citronnelle fraîche chez tous les traiteurs chinois.

CRÈME BRÛLÉE ARDÉCHOISE

8 personnes

500 g de châtaignes
1 l de lait
200 g de sucre
1 gousse de vanille
6 jaunes d'œufs
20 cl de crème fraîche
4 cuillères à soupe de cassonade

PRÉPARATION 25 mn

CUISSON 1 h

RÉFRIGÉRATION 1 h

FACILE

RAISONNABLE

- Avec la pointe d'un couteau, faites une incision circulaire à mi-hauteur à la partie la plus large du fruit. Plongez-les 15 mn dans l'eau bouillante, égouttez, et épluchez dès que possible.

- Faites bouillir le lait avec la gousse de vanille fendue. Versez 100 g de sucre, ajoutez les châtaignes. Laissez cuire jusqu'à ce que les châtaignes soient tendres, 15 à 20 mn. Réservez le lait.

- Égouttez les châtaignes, pesez-en 300 g et passez-les au moulin à légumes, grille fine. Incorporez peu à peu le lait vanillé pour obtenir une purée souple. Réservez le reste des châtaignes pour la décoration.

- Préchauffez le four Th. 4 (120°C).

- Fouettez les jaunes d'œufs avec le reste de sucre puis incorporez la purée de châtaignes et la crème fraîche. Versez la préparation dans de petits moules à gratin, placez-les dans la lèche-frite du four au bain-marie. Laissez cuire 50 mn en vérifiant la hauteur de l'eau dans la lèche-frite.

- Laissez les crèmes refroidir avant de les placer 1 h dans le réfrigérateur.

- Au moment de servir, allumez le gril du four, saupoudrez les crèmes de cassonade et passez-les rapidement sous le gril.

Le conseil

Il est important que les crèmes soient placées très près du gril. La surface doit être grillée mais la crème doit rester froide.

Le Vin Champagne

Champagne 1/2 sec

entremets

CRÈME BRÛLÉE AU SAFRAN

4 personnes

1 l de crème fleurette
1 cuillère à café de safran
12 jaunes d'œufs
200 g de sucre en poudre
150 g de cassonade
1 gousse de vanille

- Versez la crème dans une casserole et portez-la à ébullition avec le safran et la gousse de vanille fendue en deux.

- Travaillez les jaunes d'œufs et le sucre en poudre au batteur électrique jusqu'à ce que le mélange blanchisse légèrement.

- Versez la crème tiède sur les œufs, mélangez bien. Ôtez la gousse de vanille.

- Présentez la crème dans des coupelles individuelles et faites cuire à four moyen Th. 5 (150°C) et au bain-marie pendant 40 mn. Sortez du four et laissez refroidir.

- Au moment de servir, saupoudrez la surface de cassonade et passez sous le gril très chaud pendant 2 mn.

Le conseil

Les chefs, dans les grands restaurants, ne passent pas la crème brûlée sous le gril, mais la font caraméliser au chalumeau qui saisit plus rapidement.

PRÉPARATION
20 mn

CUISSON
40 mn

TRÈS FACILE

BON MARCHÉ

Le Vin
Languedoc-Roussillon
Blanc

Muscat de Rivesaltes

entremets

CRÈME VANILLÉE AUX RAISINS SECS

4 personnes

30 g de beurre
4 œufs
100 g de sucre en poudre
50 g de raisins secs
1 bol de thé
1 gousse de vanille
1/2 l de lait

- Préparez un bol de thé bien chaud et faites tremper les raisins dedans, pendant 1 h.

- Préchauffez le four Th. 6/7 (200°C).

- Faites bouillir le lait doucement avec la gousse de vanille fendue en deux dans la longueur.

- Dans une jatte, fouettez les œufs avec le sucre en un mélange mousseux. Ajoutez le lait bouillant en filet tout en continuant de fouetter. Filtrez au travers d'une passoire fine au-dessus d'un récipient et ajoutez les raisins soigneusement égouttés. Mélangez.

- Versez le mélange dans un moule beurré haut de 16 à 18 cm de diamètre. Faites cuire au bain-marie, au four, de 35 à 45 mn. La crème ne doit pas bouillir, sinon baissez la température du four.

- Laissez refroidir, démoulez juste avant de servir.

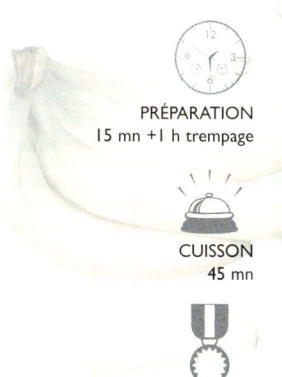

Le conseil

Il est très important que la crème ne bouille pas sinon elle rendrait toute son eau et serait immangeable.

PRÉPARATION
15 mn + 1 h trempage

CUISSON
45 mn

TRÈS FACILE

BON MARCHÉ

le Vin
Sud-Ouest Blanc

Jurançon

entremets

CRÈME VANILLÉE À LA NOIX DE COCO

4 personnes

120 g de noix de coco en poudre
4 œufs
1 boîte de lait concentré sucré de 400 g
Le même volume de lait entier
1 sachet de sucre vanillé
20 morceaux de sucre

PRÉPARATION
25 mn

CUISSON
30 mn

FACILE

RAISONNABLE

Le Vin
Champagne

- Préchauffez votre four Th. 6/7 (190°C).

- Cassez les œufs en séparant les blancs des jaunes. Battez les jaunes en omelette, ajoutez le lait concentré, remplissez la boîte de lait concentré vide avec le lait entier et ajoutez-la à la préparation. Mélangez bien. Ajoutez la noix de coco en poudre.

- Battez les blancs d'œufs en neige. Incorporez-les à la préparation à la noix de coco.

- Mettez les morceaux de sucre et le sucre vanillé dans une casserole. Recouvrez avec 3 cuillères à soupe d'eau et faites caraméliser.

- Versez le caramel dans un moule à manqué, faites tourner le moule pour bien répartir le caramel. Videz la préparation à la noix de coco dans le moule. Mettez-le au four et faites cuire 30 mn.

- Laissez refroidir avant de démouler.

Le conseil

Vous pouvez utiliser de la pulpe de noix de coco fraîche, il vous faudra alors une noix de coco entière.

entremets

ENTREMET GLACÉ À LA POMME

6 personnes

2 kg de pommes
30 cl de crème fraîche liquide
3 blancs d'œufs
80 g de sucre en poudre
1 citron
1 pincée de sel

PRÉPARATION
20 mn

CUISSON
10 mn

RÉFRIGÉRATION
1 h

FACILE

BON MARCHÉ

- Prélevez le zeste et le jus du citron. Faites blanchir le zeste pendant 10 mn dans une casserole d'eau bouillante.

- Pelez les pommes et découpez-les en cubes. Passez-les à la centrifugeuse pour en récupérer le jus et la pulpe. Mettez le jus et la pulpe de pomme dans un saladier. Ajoutez le jus de citron.

- Battez la crème fraîche très froide en chantilly.

- Battez les blancs d'œufs en neige ferme avec une pincée de sel. Ajoutez le sucre en poudre sans cesser de battre. Incorporez la chantilly et les œufs en neige au coulis de pomme.

- Répartissez la mousse dans 6 coupelles de service et réservez au congélateur pendant 1 h avant de servir.

- Au bout d'1 h, réservez au réfrigérateur.

- Décorez avec le zeste de citron.

Le conseil

Pour que l'entremet soit bien mousseux, incorporez la chantilly et les blancs en neige en soulevant bien la masse et sans les casser.

le Vin
Bretagne / Normandie

Cidre 1/2 sec

entremets

FLAN AU COCO ET À LA CACAHUÈTE

4 personnes

4 cuillères à soupe de sucre
4 feuilles de gélatine
1 boîte de crème de noix de coco sucrée (400 g)
2 cuillères à soupe de beurre de cacahuètes
Menthe et cacahuètes grillées pour la décoration

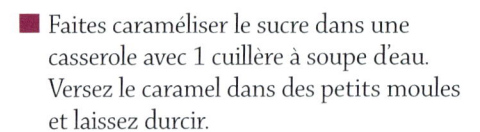

PRÉPARATION
20 mn

CUISSON
2 à 3 mn

RÉFRIGÉRATION
3 h

TRÈS FACILE

RAISONNABLE

Le Vin
Val de Loire Blanc

Touraine Amboise

entremets

■ Faites caraméliser le sucre dans une casserole avec 1 cuillère à soupe d'eau. Versez le caramel dans des petits moules et laissez durcir.

■ Plongez les feuilles de gélatine dans de l'eau froide pendant 5 mn pour les faire ramollir. Ne les essorez pas. Mettez les feuilles de gélatine dans une casserole et faites chauffer à feu doux jusqu'à ce qu'elles fondent.

■ Ajoutez la crème de coco et mélangez.

■ Mélangez ensuite 1/3 de la crème avec le beurre de cacahuètes.

■ Versez les mélanges alternativement dans les moules et laissez au frais pendant 3 h au moins.

■ Démoulez les flans.

■ Décorez avec les feuilles de menthe et les cacahuètes grillées.

Le conseil

Choisissez bien entendu des cacahuètes grillées et sucrées pour la décoration.

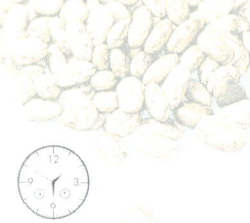

138

FLAN DE CHOCOLAT AUX FRUITS

4 à 6 personnes

3 œufs moyens
75 g de sucre
25 cl de lait chaud
50 g de cacao en poudre
125 g de yaourt nature
1 cuillère à café d'essence de vanille
175 g de salade de fruits frais
25 cl de coulis de framboises du commerce
Fruits frais au choix

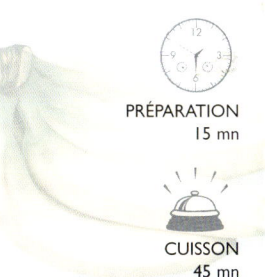

PRÉPARATION
15 mn

CUISSON
45 mn

TRÈS FACILE

BON MARCHÉ

Le Vin
Languedoc-Roussillon
Blanc

Blanquette de Limoux

- Préchauffez le four à Th. 6 (180°C).

- Dans un bol, battez les œufs et le sucre, incorporez le lait chaud et mélangez avec la poudre de cacao, le yaourt et l'essence de vanille.

- Garnissez le fond des ramequins de salade de fruits et recouvrez de la préparation au chocolat.

- Cuisez au four dans un bain-marie de 40 à 45 mn. Laissez refroidir et démoulez au moment de servir.

- Déposez les flans dans des assiettes nappées de coulis et décorez de fruits frais.

Le conseil

Si vous disposez de peu de temps, vous pouvez utiliser de la salade de fruits en boîte.

entremets

GÂTEAU DE RIZ AU COULIS DE FRUITS ROUGES

4 à 6 personnes

200 g de riz
9 dl de lait
70 g de sucre
1 pincée de sel
30 g de beurre
1 gousse de vanille
2 jaunes d'œufs
100 g de fruits confits
1 sachet de coulis de fruits rouges surgelé

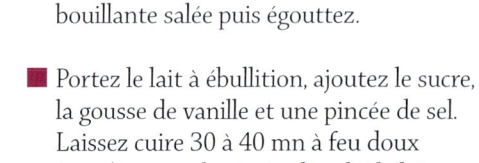

PRÉPARATION
20 mn

CUISSON
55 mn

FACILE

RAISONNABLE

le Vin
Bordeaux Blanc

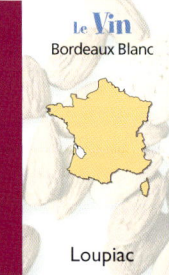

Loupiac

entremets

- Lavez le riz et faites-le cuire 2 mn à l'eau bouillante salée puis égouttez.

- Portez le lait à ébullition, ajoutez le sucre, la gousse de vanille et une pincée de sel. Laissez cuire 30 à 40 mn à feu doux jusqu'à ce que le riz ait absorbé le lait complètement.

- Hors du feu, ajoutez le beurre, les jaunes d'œufs et les fruits confits coupés en petits dés. Mélangez bien, versez dans un moule et mettez au four préchauffé à 120°C (Th. 4) et laissez cuire 15 mn.

- Sortez du four et laissez refroidir.

- Démoulez le gâteau de riz sur le plat de service et entourez-le de coulis de fruits rouges.

- Servez tiède ou froid.

Le conseil

Avant de mettre la gousse de vanille dans le lait, fendez-la en deux dans le sens de la longueur. Les petites graines parfumées se trouvent à l'intérieur.

GÂTEAU AU FROMAGE BLANC ET AUX FRAMBOISES

4 à 8 personnes

150 g de framboises
Zeste d'1/2 citron
200 g de beurre mou
4 jaunes d'œufs
350 g de fromage blanc lissé
150 g de sucre en poudre
4 cuillères à soupe rases de sucre glace

PRÉPARATION
20 mn

RÉFRIGÉRATION
12 h

FACILE

BON MARCHÉ

Le Vin
Jura Blanc

Vin Jaune

- Dans une grande jatte, travaillez le beurre et le sucre en poudre avec une cuillère en bois pour obtenir une crème homogène.

- Râpez la moitié du zeste de citron et ajoutez-la à la préparation ainsi que le fromage blanc et les jaunes d'œufs.

- Garnissez un plat à faisselle d'un morceau de gaz. Versez la préparation et posez la faisselle sur une grande assiette afin que le gâteau perde son eau et s'assèche. Mettez au réfrigérateur toute une nuit.

- Au moment de servir, démoulez le gâteau sur le plat de service, saupoudrez-le de sucre glace et décorez le dessus avec les framboises lavées et équeutées.

Le conseil

Achetez de préférence un citron non traité. Sinon, lavez-le soigneusement sous l'eau froide.

entremets

MOUSSE AU CAFÉ

6 personnes

1/4 l de lait
3 cuillères à soupe de café moulu
1 cuillère à soupe d'extrait de café
120 g de sucre en poudre
6 cuillères à soupe de cassonade
5 jaunes d'œufs
30 cl de crème fleurette montée

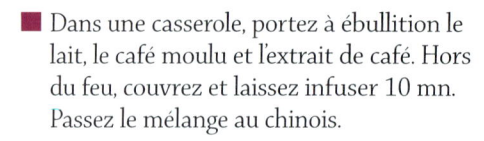

PRÉPARATION
15 mn

CUISSON
15 mn

RÉFRIGÉRATION
4 h

FACILE

RAISONNABLE

Le **Vin**
Champagne

- Dans une casserole, portez à ébullition le lait, le café moulu et l'extrait de café. Hors du feu, couvrez et laissez infuser 10 mn. Passez le mélange au chinois.

- Ajoutez aux jaunes d'œufs la cassonade et le sucre. Fouettez puis incorporez le mélange infusé.

- Reversez le tout dans une casserole et faites épaissir le mélange à feu doux, comme une crème anglaise. Dans un bol, fouettez cette crème au batteur à vitesse moyenne. Laissez refroidir.

- Incorporez la crème fleurette montée et versez le mélange dans des ramequins. Placez au freezer pendant 4 h.

- Au moment de servir, saupoudrez de cassonade et faites caraméliser rapidement sous le gril du four.

- Servez immédiatement.

Le conseil

Cette mousse peut se préparer à l'avance et se conserver 8 jours au freezer.

entremets

Champagne

MOUSSE AU CAFÉ ET AUX NOISETTES

4 à 6 personnes

25 cl de crème à la vanille
2 cuillères à soupe de noisettes moulues
2 cuillères à café de gélatine
2 cuillères à café d'eau froide
2 jaunes d'œufs
125 g de sucre
2 blancs d'œufs
1 cuillère à café d'essence de vanille
20 cl de café très fort

Décoration
Crème fouettée
4 à 6 noisettes entières

- Dans une petite casserole au bain-marie, faites chauffer la crème à la vanille avec le café et les noisettes jusqu'à ébullition.

- Saupoudrez la gélatine sur 2 cuillères à café d'eau froide et incorporez-la.

- Dans un bol, mélangez la moitié du sucre et les jaunes d'œufs et incorporez la crème chaude en brassant. Remettez le tout dans la casserole et cuisez jusqu'à ce que le mélange épaississe et nappe le dos de la cuillère.

- Faites refroidir au réfrigérateur jusqu'à ce que le mélange soit pris à demi.

- Dans un autre bol, fouettez les blancs d'œufs en neige ferme en incorporant le reste de sucre. Sortez la crème du réfrigérateur, ajoutez la vanille en la fouettant.

- Incorporez les deux mélanges l'un à l'autre puis versez dans des coupes à dessert ou de belles coupes à champagne.

- Décorez d'une rosace de crème fouettée et de noisettes.

Le conseil

Dans cette recette, la gélatine est en poudre mais on la trouve plus couramment en feuilles dans toutes les grandes surfaces.

PRÉPARATION 20 mn
CUISSON 5 mn
FACILE
BON MARCHÉ

Le Vin
Jura Blanc
Arbois

entremets

MOUSSE AU FROMAGE BLANC ET AUX KIWIS

4 personnes

4 kiwis
400 g de fromage blanc
100 g de crème fleurette
150 g de sucre en poudre
30 g de sucre glace
Le jus d'1 citron vert
1 cuillère à café de cannelle en poudre
4 bâtons de cannelle

PRÉPARATION
20 mn

RÉFRIGÉRATION
1 h

FACILE

BON MARCHÉ

Le Vin
Val de Loire Blanc

Vouvray Pétillant

entremets

- Dans un bol, fouettez le fromage blanc avec 100 g de sucre.

- Montez la crème fleurette en chantilly bien ferme. Incorporez-la délicatement au fromage blanc. Versez dans des ramequins et mettez au réfrigérateur pendant 1 h.

- Pelez les kiwis et coupez-en deux en quartiers. Mixez les autres avec le jus de citron et le sucre glace et gardez au frais.

- Démoulez les mousses sur des assiettes et lissez le pourtour avec une spatule humide. Saupoudrez de sucre et décorez chaque mousse avec un bâtonnet de cannelle et les quartiers de kiwis.

- Entourez d'un cordon de coulis et saupoudrez de cannelle.

Le conseil

Si le coulis est trop épais, allongez-le avec un peu d'eau froide.

144

MOUSSE DE FRUITS DE LA PASSION AU CITRON VERT

4 personnes

4 feuilles de gélatine
4 jaunes d'œufs
4 cuillères à soupe de sucre
25 cl de jus de fruits de la passion
Le jus et le zeste d'1 citron vert
50 g de chocolat au lait
50 g d'amandes pilées
200 g de crème fraîche

PRÉPARATION 30 mn
CUISSON 10 mn
RÉFRIGÉRATION 4 h
ASSEZ FACILE
RAISONNABLE

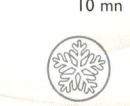

Le Vin
Alsace Blanc

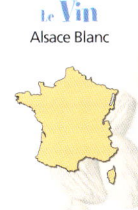

Gewurztraminer Vendanges Tardives

- Mettez les feuilles de gélatine à tremper.

- Faites cuire au bain-marie les jaunes d'œufs, le sucre et le jus de citron. Fouettez jusqu'à ce que le mélange soit lisse. Ajoutez le jus de fruits petit à petit et la gélatine égouttée. Laissez refroidir.

- Montez la crème fraîche en chantilly et incorporez-la au mélange précédent. Versez la préparation dans 4 moules individuels. Réservez au frais pendant 4 h.

- Pendant ce temps, faites fondre le chocolat au bain-marie.

- Éparpillez les amandes sur une grande feuille de papier sulfurisé, nappez de chocolat et laissez refroidir puis coupez des morceaux.

- Démoulez les mousses sur des assiettes individuelles, décorez de morceaux de chocolat et de zeste de citron.

Le conseil

Pour monter une chantilly, il est important que la crème soit très froide, mettez-la 5 à 10 mn au congélateur avant de la fouetter.

entremets

MOUSSE DE POMMES

4 personnes

600 g de pommes reinettes
20 cl de crème fraîche liquide
150 g de sucre en poudre
4 feuilles de gélatine

PRÉPARATION
20 mn

CUISSON
30 mn

RÉFRIGÉRATION
6 h

FACILE

BON MARCHÉ

Le Vin
Languedoc-Roussillon Blanc

Frontignan

entremets

- Épluchez et épépinez les pommes. Émincez-les en tranches fines.

- Dans une casserole, mettez 2 cuillères à soupe d'eau, ajoutez les pommes, couvrez et faites cuire à feu doux 30 mn. Quand les pommes sont en compote, ajoutez le sucre en poudre.

- Faites ramollir les feuilles de gélatine dans un bol d'eau froide et essorez-les bien. Ajoutez-les délicatement à la compote de pommes sur feu doux en remuant avec une cuillère en bois.

- Tamisez cette compote pour obtenir une préparation parfaitement homogène. Pendant cette opération, remuez sans cesse avec une cuillère en bois.

- Placez dans le congélateur la crème fraîche liquide et les fouets du batteur pendant environ 10 mn. Montez la crème fraîche en chantilly bien ferme. Incorporez délicatement la chantilly à la compote de pommes froide.

- Disposez la préparation dans 4 coupes et mettez au frais au moins 6 h.

Le conseil

Pour réussir la crème chantilly, la crème au départ doit être froide. C'est pourquoi vous devez la placer au congélateur avant de l'utiliser.

MOUSSE GLACÉE AUX MARRONS

6 personnes

200 g de crème de marrons
200 g de sucre
2 dl de lait
6 feuilles de gélatine
300 g de crème fraîche

PRÉPARATION
20 mn

CUISSON
3 à 4 mn

RÉFRIGÉRATION
1 h

FACILE

RAISONNABLE

- Faites tremper la gélatine et égouttez-la.

- Faites bouillir le lait, ajoutez le sucre et les feuilles de gélatine ramollies.

- Passez cette préparation au tamis très fin pour éliminer la crème qui aurait pu se former.

- Ajoutez la crème fouettée et la crème de marrons au moment de la coagulation.

- Versez cette préparation dans un moule à bavarois huilé.

- Faites refroidir 1 h au réfrigérateur.

Le conseil

Cette mousse sera encore meilleure si vous remplacez la crème de marrons par de la pâte à tartiner aux marrons.

le Vin
Languedoc-Roussillon Blanc

Muscat de Rivesaltes

entremets

ORANGES FARCIES

4 personnes

- 4 oranges
- 75 g de sucre
- 2 blancs d'œufs
- 25 cl de crème liquide
- 1 feuille de gélatine

PRÉPARATION
20 mn

CUISSON
10 mn

RÉFRIGÉRATION
2 h

FACILE

BON MARCHÉ

Le Vin
Val de Loire Blanc

Touraine Amboise

■ Évidez les oranges sans abîmer l'écorce. Réservez la pulpe, le jus et les chapeaux. Plongez les écorces d'orange pendant 2 mn dans l'eau bouillante pour les blanchir. Déposez-les sur une grille pour les égoutter et les sécher. Mixez le jus et la pulpe puis filtrez le jus obtenu. Mettez-le à chauffer dans une casserole à feu doux.

■ Faites tremper la feuille de gélatine dans un bol d'eau froide pour la ramollir puis essorez-la.

■ Faites bouillir 60 g de sucre avec 5 cl d'eau pour obtenir un sirop.

■ Montez les blancs d'œufs en neige en ajoutant petit à petit le sirop. Continuez à fouetter jusqu'à refroidissement complet.

■ Montez la crème liquide en chantilly avec le reste de sucre.

■ Hors du feu, ajoutez au jus d'orange chaud la feuille de gélatine ramollie et laissez-la fondre. Incorporez doucement ce mélange à la crème chantilly. Ajoutez enfin les blancs en neige très délicatement en remuant avec une spatule. Garnissez les écorces d'orange avec cette préparation. Mettez au frais jusqu'au moment de servir.

Le conseil

Après avoir fait blanchir les écorces d'orange, tapissez-les de papier aluminium. Elles garderont leur forme en refroidissant.

entremets

PETITS FLANS À LA MÛRE

6 personnes

- 250 g de mûres
- 8 œufs
- 100 g de sucre en poudre
- 2 verres de lait
- 20 cl de crème fraîche liquide
- 1 cuillère à café de fécule de pomme de terre

PRÉPARATION 20 mn
CUISSON 15 mn
RÉFRIGÉRATION 1 h
FACILE
BON MARCHÉ

- Préchauffez le four Th. 6 (180°C).

- Dans une casserole, versez le lait, la crème et la moitié du sucre. Portez à ébullition et retirez du feu. Dans un saladier, mélangez les œufs, la fécule et le reste de sucre en poudre. Versez le lait en continuant à mélanger.

- Réduisez les mûres en purée avec un robot. Passez au chinois et ajoutez à la préparation. Répartissez la préparation dans 6 moules individuels. Enfournez dans un bain-marie chaud pour 15 mn. Vérifiez la cuisson avec la pointe d'un couteau avant de sortir le flan du four.

- Quand le flan est cuit, laissez-le refroidir à température ambiante d'abord, puis au moins 1 h au réfrigérateur.

- Servez bien frais.

Le conseil

Le coulis de mûres surgelé est parfait pour réaliser cette recette.

Le Vin
Languedoc-Roussillon Blanc 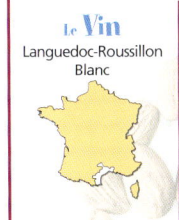
Côteaux du Layon

entremets

PETITS POTS DE CRÈME ARABICA

4 personnes

25 cl de lait entier
25 cl de crème liquide
5 jaunes d'œufs
100 g de sucre
30 g de café moulu
1 cuillère de cacao

- Faites bouillir le lait et la crème liquide dans une casserole. Retirez la casserole du feu, ajoutez le café moulu, donnez un coup de fouet et laissez infuser 10 mn en couvrant la casserole avec une assiette.

- Mélangez les jaunes d'œufs et le sucre, passez le lait au tamis dessus, fouettez. Laissez reposer 5 mn et écumez la mousse à la surface.

- Versez la préparation dans des petits pots individuels et mettez au four au bain-marie recouvert d'un papier aluminium Th. 6 (180°C) pendant 40 mn.

- Vérifiez la cuisson des crèmes, la surface doit être ferme. Sortez-les du four, laissez refroidir, saupoudrez de cacao et servez avec des biscuits secs.

Le conseil

Pour un dessert plus léger, utilisez du lait écrémé et de la crème fraîche à 0 %.

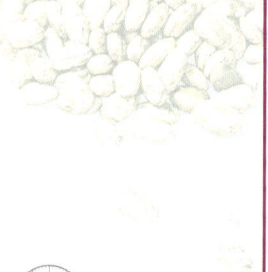

PRÉPARATION
15 mn

CUISSON
40 mn

TRÈS FACILE

BON MARCHÉ

Le Vin
Jura Blanc

Vin jaune

entremets

150

PUDDING À LA BANANE

4 personnes

4 bananes
150 g de sucre
1/2 l de lait
4 œufs
30 g de farine
10 g de beurre
1 orange
2 citrons

- Dans une jatte, battez les œufs et 100 g de sucre jusqu'à obtenir un mélange léger et mousseux.

- Versez la farine dans un saladier et ajoutez le lait en filet en fouettant bien pour éviter les grumeaux. Mélangez intimement cette bouillie aux œufs.

- Détaillez les bananes en rondelles, citronnez-les et gardez-en une douzaine pour la décoration. Écrasez le reste à la fourchette et joignez-les à la pâte.

- Versez dans un moule beurré en verre, recouvrez de papier d'aluminium et faites cuire 30 mn à la vapeur.

Sauce

- Pendant la cuisson du pudding, prélevez les zestes de citrons et d'orange avec un couteau économe. Pressez les fruits et faites-en un sirop en chauffant le jus avec le reste de sucre.

- Détaillez les zestes d'agrumes en fines lanières. Faites-les confire dans le sirop de fruits pendant 15 mn.

- Laissez refroidir complètement le gâteau avant de le démouler.

- Décorez-le avec les rondelles de bananes réservées et les zestes confits puis entourez-le du sirop.

Le conseil

Vous pouvez procéder de la même façon avec des pommes et des poires.

PRÉPARATION 15 mn

CUISSON 30 mn

FACILE

BON MARCHÉ

le Vin
Val de Loire Blanc

Vouvray

entremets

RIZ AU LAIT VANILLÉ À L'ORANGE CONFITE

4 personnes

- 1/2 l de lait
- 160 g de riz rond
- 4 quartiers d'orange confite
- 120 g de sucre
- 1 gousse de vanille
- 2 grosses cuillères de marmelade d'orange

■ Mettez le lait à bouillir avec la gousse de vanille fendue en deux et le sucre.

■ Rincez le riz à l'eau froide, plongez-le dans le lait bouillant, remuez jusqu'à ébullition, et laissez cuire à feu doux jusqu'à ce que le riz ait absorbé tout le lait.

■ 5 mn avant la fin de la cuisson, ajoutez l'orange confite coupée en petits morceaux.

■ Mettez le riz dans un moule. Laissez refroidir.

■ Démoulez puis nappez de marmelade à l'orange tiède. Servez avec de la crème anglaise à la vanille.

Le conseil

Si le riz que vous utilisez est précuit ou prétraité, il ne sera pas nécessaire de le laver, mais si ce n'est pas le cas, lavez-le systématiquement.

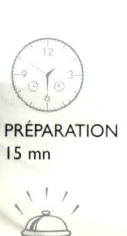

PRÉPARATION 15 mn

CUISSON 20 mn

TRÈS FACILE

BON MARCHÉ

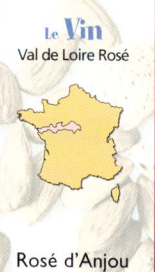

Le Vin
Val de Loire Rosé

Rosé d'Anjou

entremets

SOUFFLÉ À LA LIQUEUR

4 personnes

40 g de beurre
1 cuillère à soupe bombée de farine
1/4 de l de lait
1 cuillère à soupe bombée de sucre
4 cuillère à soupe de liqueur selon goût
4 œufs
1 pincée de sel

- Beurrez un moule à soufflé de 18 cm de diamètre.

- Dans une grande casserole, faites fondre 30 g de beurre, ajoutez la farine, mélangez à la cuillère de bois jusqu'à ce que le mélange mousse. Ajoutez d'un seul coup le lait froid et laissez épaissir sans cesser de tourner.

- Préchauffez le four Th. 5 (150°C).

- Dans la casserole ajoutez le sucre, la liqueur choisie, les jaunes d'œufs, mélangez bien. Battez les blancs d'œufs en neige ferme avec une pincée de sel et ajoutez-les délicatement en soulevant la pâte à la spatule.

- Versez la préparation dans le moule. Elle doit arriver seulement aux 3/4 car le soufflé va gonfler. Glissez au four pour 30 mn. Servez de suite, le soufflé retombe vite.

Le conseil

Pour aider le soufflé à monter, passez la lame d'un couteau mouillée entre la paroi du moule et la préparation avant de mettre au four.

PRÉPARATION 15 mn

CUISSON 30 mn

FACILE

BON MARCHÉ

Le **Vin**
Val de Loire Blanc

Layon

entremets

153

SOUFFLÉS GLACÉS AUX FRUITS D'AUTOMNE

4 personnes

- 200 g de crème de marrons
- 150 g de cerneaux de noix
- 2 cuillères à soupe de sucre
- 25 cl de crème liquide
- 1 blanc d'œuf
- 2 feuilles de gélatine
- 1 brin de menthe
- Quelques baies de groseilles
- Sucre glace

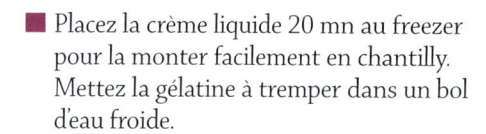

PRÉPARATION
20 mn

CUISSON
3 mn

RÉFRIGÉRATION
4 h

ASSEZ DIFFICILE

RAISONNABLE

Le Vin
Bordeaux Blanc

Barsac

- ■ Placez la crème liquide 20 mn au freezer pour la monter facilement en chantilly. Mettez la gélatine à tremper dans un bol d'eau froide.

- ■ Gardez 4 cerneaux de noix pour la décoration et hachez les autres avec le sucre dans le bol d'un mixeur. Versez la crème de marron dans une jatte et ajoutez les noix hachées. Portez 4 cuillères à soupe d'eau à ébullition dans une casserole et faites-y fondre la gélatine hors du feu. Mélangez à la préparation.

- ■ Sortez la crème fraîche du réfrigérateur et fouettez-la bien ferme. Incorporez-la à la crème de marrons en soulevant la masse et en tournant délicatement. Montez le blanc en neige. Mélangez à l'ensemble aussi délicatement que pour la crème fouettée.

- ■ Découpez 4 bandes de papier blanc du double de la hauteur des ramequins et légèrement plus longues que le tour. Fixez-les sur le pourtour avec de l'autocollant. Remplissez chaque ramequin en faisant arriver la préparation presque jusqu'en haut du papier. Placez au réfrigérateur 4 h.

- ■ Pour servir, retirez délicatement les bandes de papier. Saupoudrez de sucre glace et décorez avec les cerneaux de noix, des baies de groseilles et des feuilles de menthe.

Le conseil

N'oubliez pas d'ajouter une pincée de sel lorsque vous montez les blancs en neige.

entremets

TERRINE DE FROMAGE BLANC AUX PRUNEAUX

6 personnes

500 g de fromage blanc lissé
30 cl de crème fleurette
10 feuilles de gélatine
100 g de sucre en poudre
400 g de pruneaux
1 cuillère à café de cannelle en poudre
Quelques feuilles de menthe et quelques bâtons de cannelle pour la décoration

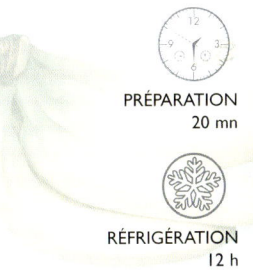

- Faites tremper la gélatine dans un bol d'eau froide.

- Dénoyautez les pruneaux et coupez-les en morceaux.

- Versez le fromage blanc dans une jatte, ajoutez la moitié de la crème fraîche, les pruneaux, le sucre et la cannelle en poudre.

- Faites chauffer la crème fraîche restante et faites-y fondre la gélatine égouttée. Ajoutez à la préparation précédente et mélangez bien.

- Versez dans un moule à cake à revêtement anti-adhésif et mettez au réfrigérateur au moins 12 h.

- Au moment de servir, démoulez la terrine sur un plat de service, décorez avec des feuilles de menthe et des bâtons de cannelle.

Le conseil

La gélatine se ramollit à l'eau froide mais fond toujours dans une préparation chaude.

PRÉPARATION 20 mn

RÉFRIGÉRATION 12 h

FACILE

RAISONNABLE

Le Vin
Bordeaux Blanc

Sauternes

entremets

TIMBALE À LA NOIX DE COCO ET À LA CARAMBOLE

4 personnes

4 feuilles de gélatine
25 cl de lait
50 g de noix de coco râpée
3 jaunes d'œufs
125 g de sucre
20 cl de crème fraîche
50 g de beurre
1 cuillère à café d'huile de noix
1 carambole
Citronnelle

PRÉPARATION
30 mn

CUISSON
5 mn

RÉFRIGÉRATION
2 h

FACILE

RAISONNABLE

Le Vin
Languedoc-Roussillon Blanc

Muscat de Frontignan

- Mettez la gélatine à tremper.

- Faites chauffer le lait avec la noix de coco. Battez les jaunes d'œufs et 75 g de sucre. Ajoutez le lait chaud.

- Égouttez la gélatine, ajoutez-la au lait. Mettez au frais jusqu'à ce que la gélatine commence à se figer. Fouettez la crème, incorporez-la délicatement au mélange lait-gélatine.

- Garnissez 4 ramequins et réservez au frais pendant 2 h.

- Versez le reste du sucre dans la casserole avec une cuillère à soupe d'eau et faites fondre en mélangeant jusqu'à obtention d'une couleur dorée. Retirez du feu. Ajoutez le beurre et l'huile et laissez refroidir.

- Coupez la carambole en morceaux. Démoulez les crèmes dans des assiettes de service. Nappez de caramel et décorez de carambole et de citronnelle.

Le conseil

Pour démouler les crèmes, plongez les ramequins quelques secondes dans de l'eau chaude.

entremets

TIRAMISU

8 personnes

4 œufs
500 g de mascarpone
125 g de sucre + 125 g
35 cl de café très fort
24 boudoirs
2 cuillères à soupe de cacao en poudre non sucré
5 cl de liqueur de café

- Dans un bol, mélangez les jaunes d'œufs et ajoutez 125 g de sucre. Fouettez jusqu'à ce que le mélange blanchisse et devienne mousseux. Ajoutez la liqueur de café et le mascarpone. Réservez.

- Dans un autre bol, montez les blancs d'œufs en neige puis incorporez-les délicatement avec une spatule à la préparation précédente jusqu'à ce que le mélange soit homogène. Réservez.

- Dissolvez 125 g de sucre dans le café. Trempez 12 boudoirs dans la préparation au café puis disposez-les côte à côte dans le fond d'un plat. Étendez la moitié du mélange de crème sur les biscuits. Disposez 12 autres biscuits imbibés de sirop au café sur la crème. Étendez le reste de la crème sur le dessus.

- Saupoudrez de cacao et réfrigérez au moins 24 h.

Le conseil

Le mascarpone est un fromage blanc italien très gras. Si vous préférez, vous pouvez le remplacer par du fromage blanc à 0 %.

PRÉPARATION 25 mn

RÉFRIGÉRATION 24 h

FACILE

RAISONNABLE

Le Vin
Alsace Blanc

Muscat d'Alsace

entremets

Glaces

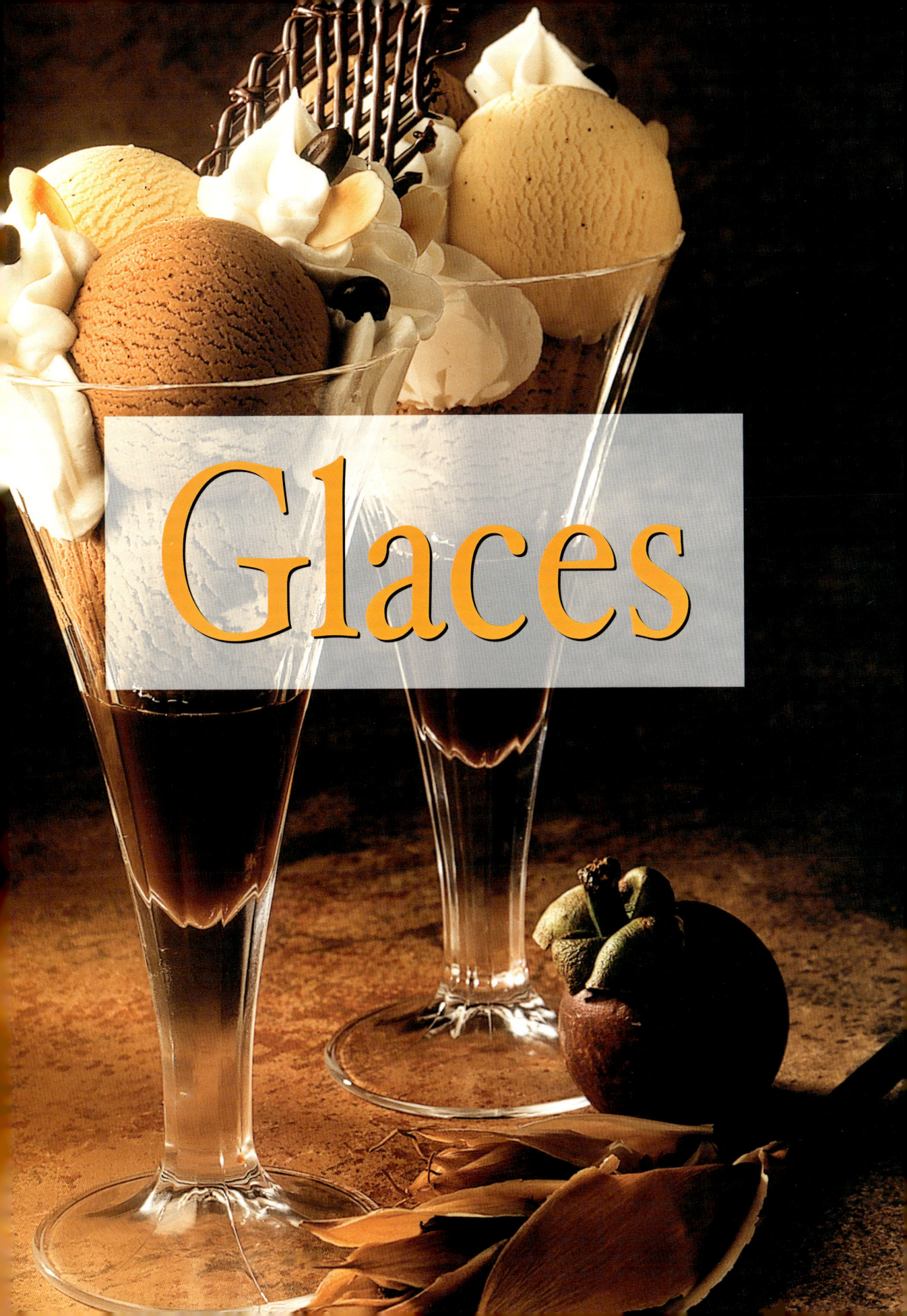

CAFÉ LIÉGEOIS

4 personnes

1 l de glace au café
1 bol de café
1 bombe de crème chantilly
Quelques grains de café

- Préparez le café et mettez-le 1 h au réfrigérateur pour qu'il soit très froid.

- Versez-en un peu dans chaque coupe puis disposez 2 boules de glace au café, nappez de crème chantilly.

- Décorez avec les grains de café.

Le conseil

Si certains de vos convives ne supportent pas le café, surtout le soir, utilisez du café décaféiné de bonne qualité.

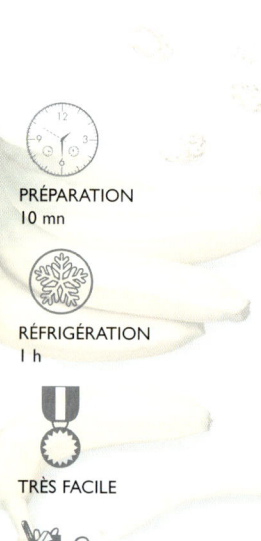

PRÉPARATION
10 mn

RÉFRIGÉRATION
1 h

TRÈS FACILE

BON MARCHÉ

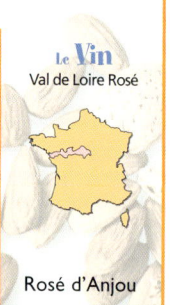

le Vin
Val de Loire Rosé

Rosé d'Anjou

glaces

FIGUES POCHÉES AU BANYULS

4 personnes

12 figues violettes
50 cl de Banyuls
1 étoile de badiane
1 clou de girofle
3 grains de poivre noir concassés
1/2 bâton de cannelle
1/2 zeste d'orange
1/2 l de glace au nougat
150 g de nougatine

PRÉPARATION 15 mn

CUISSON 10 mn

RÉFRIGÉRATION 3 h

FACILE

RAISONNABLE

- Lavez les figues et incisez-les en croix.

- Dans une casserole, faites flamber le Banyuls, ajoutez les épices, le zeste d'orange puis les figues.

- Faites-les pocher 5 mn à feu vif, et laissez refroidir.

- Laissez 3 h au réfrigérateur.

- Égouttez les figues.

- Faites réduire le Banyuls de moitié à feu vif, après l'avoir filtré. Laissez refroidir, versez-le à parts égales dans 4 assiettes creuses.

- Répartissez 3 figues dans chaque assiette, mettez une boule de glace au centre et décorez avec la nougatine concassée.

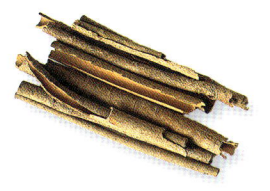

Le conseil

Vous pouvez, si vous préférez, présenter les figues dans des coupes.

le **Vin**
Languedoc-Roussillon
Rouge

Banyuls

glaces

GLACE AU MELON

6 personnes

2 beaux melons
1 citron
100 g de sucre glace
25 cl de crème fraîche liquide

- Coupez les melons en deux, retirez les graines et prélevez la chair avec une cuillère.

- Mixez finement les melons dans le bol d'un robot.

- Battez la crème fraîche en chantilly. Ajoutez le sucre glace, le jus de citron et la chantilly. Mélangez bien et versez en sorbetière.

- Faites prendre la glace au congélateur pendant 2 h.

Le conseil

Choisissez des melons bien mûrs et parfumés pour cette recette.

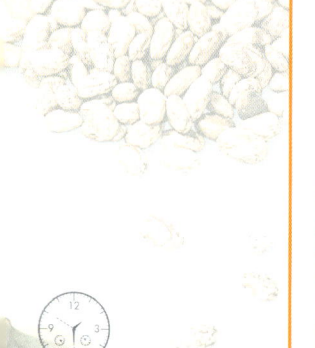

PRÉPARATION
10 mn

RÉFRIGÉRATION
2 h

TRÈS FACILE

BON MARCHÉ

Le Vin
Alsace Blanc

Muscat d'Alsace

glaces

GLACE AU MIEL D'ACACIA ET À LA POIRE

6 personnes

6 poires bien mûres
75 g de miel d'acacia
2 dl de crème liquide
6 cuillères à soupe d'alcool de poire
6 petites feuilles de menthe et quelques fruits secs pour la décoration

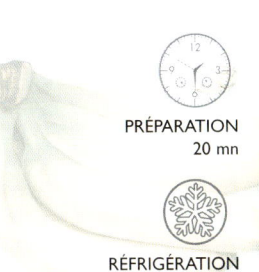

- Pelez et coupez les poires en dés. Réservez 3 cuillères à soupe de poire découpée.

- Versez le reste des poires dans le bol d'un robot avec le miel et la crème.

- Mixez 1 mn jusqu'à obtention d'une préparation crémeuse.

- Ajoutez les dés réservés.

- Versez la préparation dans une sorbetière et laissez glacer au minimum 2 h.

- Déposez 2 boules de glace sur chaque assiette de service, arrosez d'alcool de poire et décorez avec des fruits secs et des feuilles de menthe.

Le conseil

Arrosez les dés de poire avec du jus de citron, cela les empêchera de noircir.

PRÉPARATION 20 mn
RÉFRIGÉRATION 2 h
FACILE
RAISONNABLE

le Vin
Alsace Blanc

Gewurztraminer Vendanges Tardives

glaces

GLACE À LA VANILLE ET ABRICOTS AU SIROP

6 personnes

Glace à la vanille
30 cl de lait
1 cuillère à café d'extrait de vanille liquide
3 jaunes d'œufs
75 g de sucre en poudre
30 cl de crème fraîche liquide très froide

Abricots au sirop
500 g d'abricots dénoyautés
3 gousses de vanille
3 bâtons de cannelle
1 cuillère à café de 5 épices
100 g de sucre en poudre

PRÉPARATION
30 mn

CUISSON
20 mn

RÉFRIGÉRATION
2 h

ASSEZ DIFFICILE

RAISONNABLE

Le Vin
Champagne

Champagne

- Faites chauffer le lait et la vanille. Retirez du feu avant l'ébullition.

- Mettez les jaunes d'œufs et le sucre dans un saladier, battez-les jusqu'à ce qu'ils blanchissent. Versez le lait vanillé petit à petit sans cesser de remuer.

- Reversez le tout dans la casserole et chauffez sur feu très doux. Cuisez la crème sans cesser de remuer jusqu'à ce qu'elle nappe la cuillère. Couvrez la surface de la casserole avec une feuille de papier sulfurisée humide et laissez refroidir complètement.

- Battez la crème fraîche liquide en chantilly. Incorporez-la à la crème froide. Versez en sorbetière et faites prendre au congélateur.

- Mettez les abricots dans une casserole avec 1/2 l d'eau, les gousses de vanille ouvertes, les bâtons de cannelle, le 5 épices et le sucre en poudre. Portez à ébullition, couvrez et laissez cuire sur feu moyen pendant 20 mn. Laissez les abricots refroidir dans le sirop.

- Au moment de servir, nappez les assiettes avec 2 cuillères à sirop du jus de cuisson des abricots, disposez les oreillons d'abricots et 2 boules de glace à la vanille. Décorez avec les bâtons de vanille, de cannelle et quelques feuilles de menthe fraîche.

Le conseil

Pour monter la chantilly, placez le bol au-dessus d'un saladier rempli de glaçons.

glaces

164

GLACE EN GÂTEAU AUX FRAMBOISES

6 personnes

1/2 l de glace au citron
1 l de sorbet à la framboise
1/2 l de sorbet à la pistache
1/2 l de sorbet à la mangue
1 corne d'abondance en nougatine commandée chez le pâtissier
Quelques grappes de groseilles pour la décoration

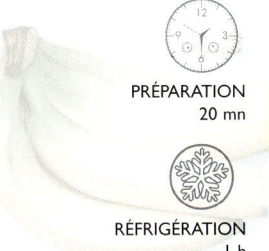

PRÉPARATION
20 mn

RÉFRIGÉRATION
1 h

FACILE

RAISONNABLE

Le Vin
Vallée du Rhône Blanc

Condrieu

glaces

- Tapissez le fond d'un moule à manqué avec un peu de glace au citron, sur 1 cm environ. Couvrez avec la moitié du sorbet aux framboises. Réservez au congélateur au moins 1 h. Confectionnez des boules de glace et de sorbet avec une cuillère à glace. Déposez-les sur un grand plat et décorez-les à l'aide d'une cuillère. Réservez au congélateur.

- Démoulez le gâteau aux framboises.

- Déposez la corne d'abondance sur le gâteau et garnissez-la avec les boules de glace préparées. Décorez avec les grappes de groseilles et servez immédiatement.

Le conseil

Pour démouler plus facilement le gâteau, trempez le moule quelques secondes dans l'eau très chaude.

PASTÈQUE À LA NOIX DE COCO

6 personnes

800 g de pastèque
1 l de glace à la noix de coco
40 g de sucre
Zeste d'1 orange
4 brins de menthe
Copeaux de noix de coco

PRÉPARATION
15 mn + 30 mn macération

TRÈS FACILE

BON MARCHÉ

le Vin
Champagne Rosé

■ Épépinez et prélevez la chair de la pastèque. Coupez-la en cubes.

■ Saupoudrez la pastèque avec le sucre, ajoutez le zeste d'orange râpé et la menthe hachée. Laissez macérer pendant 30 mn.

■ Composez des boules de glace. Disposez-les sur une assiette, recouvrez-les avec la pastèque. Décorez avec les copeaux de noix de coco et quelques feuilles de menthe fraîches.

Le conseil

Pour parfumer la pastèque, vous pouvez ajouter à la macération 2 cuillères à soupe d'eau de fleurs d'oranger.

glaces

Champagne rosé

166

PÊCHE MELBA

6 personnes

6 pêches
150 g de gelée de groseille
80 g d'amandes effilées
150 g de sucre roux
1/2 l de glace à la vanille
Quelques grappes de groseilles fraîches
30 cl de chantilly

- Dans une grande casserole, portez à ébullition 2 verres d'eau et le sucre.

- Pendant ce temps, coupez les pêches en quartiers, pelez-les et enlevez le noyau. Plongez les pêches dans le sirop et laissez cuire à petit feu pendant 5 mn. Retirez la casserole du feu et laissez refroidir les pêches dans leur sirop.

- Prélevez 5 cuillères à soupe de ce sirop et mélangez-le avec la gelée de groseille dans une petite casserole. Faites chauffer pour que la gelée fonde. Remuez bien et laissez refroidir. Versez les amandes dans une poêle anti-adhésive sans ajouter de matière grasse. Portez sur feu vif et retirez-les dès qu'elles prennent de la couleur.

- Au moment de servir, répartissez les quartiers de pêche, la glace et la gelée de groseille dans les coupes de service. Décorez avec les amandes grillées, la chantilly et les groseilles. Servez immédiatement.

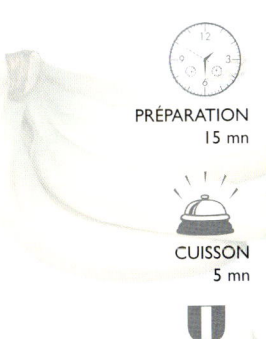

Le conseil

Pour relever le goût des pêches, on peut ajouter des épices dans leur sirop de cuisson : vanille, anis étoilé, cannelle, quatre-épices, clou de girofle...

PRÉPARATION 15 mn

CUISSON 5 mn

TRÈS FACILE

BON MARCHÉ

le Vin
Provence / Corse
Rosé

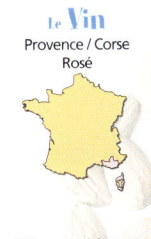

Côteaux Varois

glaces

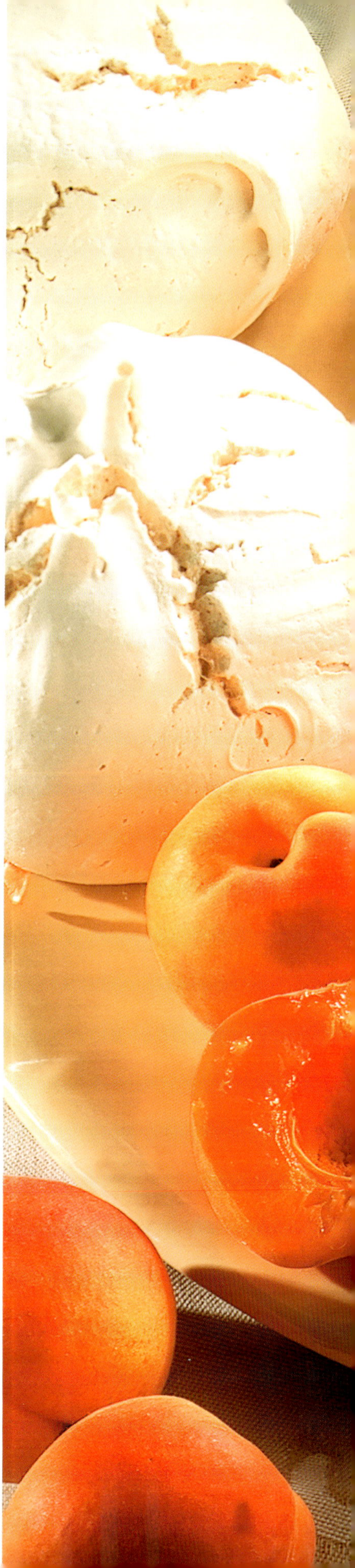

Sorbets

BISCUITS ET SORBET CHOCOLAT

6 personnes

Sorbet au chocolat blanc
300 g de chocolat blanc
200 g de sucre semoule
125 cl d'eau

Parfaits au chocolat
300 g de chocolat noir amer
150 g de chocolat au lait
3 jaunes d'œufs
30 cl de crème fleurette
50 g de sucre

Palets
100 g de beurre
4 cuillères à soupe de sucre en poudre
20 g de poudre d'amandes
100 g de farine
1 cuillère à café rase de levure chimique
1 pincée de sel

PRÉPARATION
1 h

CUISSON
20 mn

RÉFRIGÉRATION
3 h

ASSEZ DIFFICILE

RAISONNABLE

Le Vin
Bordeaux Rouge

Barsac

sorbets

■ Versez l'eau et le sucre dans une grande casserole. Portez le tout à ébullition. Laissez bouillir 1 mn puis ajoutez les morceaux de chocolat. Mélangez avec une cuillère en bois et laissez reprendre l'ébullition pour 30 s. Retirez la casserole du feu et laissez refroidir. Quand la préparation est froide, versez-la dans une sorbetière et laissez-la prendre au congélateur.

Parfaits

■ Dans une casserole, faites fondre les 2 chocolats cassés en morceaux avec 1 cuillère à soupe d'eau froide. Lissez et ajoutez les jaunes d'œufs hors du feu. Fouettez la crème en chantilly et incorporez-la au chocolat fondu avec le sucre. Versez dans 6 petits ramequins et réservez 3 h au congélateur.

Palets

■ Mélangez tous les ingrédients des sablés et laissez reposer la pâte pendant 10 mn au congélateur. Préchauffez le four Th. 6 (180°C). Étalez ensuite la pâte sur un plan de travail fariné sur 3 cm d'épaisseur. Découpez 6 palets. Déposez-les sur une feuille de papier sulfurisé et faites-les cuire pendant 20 mn.

■ Quand ils sont cuits, sortez-les du four et laissez-les refroidir. Au moment de servir, posez un palet dans chaque assiette de service. Couvrez avec un peu de sorbet fondu pour coller le parfait. Démoulez un parfait sur le dessus, puis déposez une boule de sorbet. Servez immédiatement. Décorez éventuellement avec des fruits confits.

COUPE DE SORBET À L'ORANGE

6 personnes

6 dl de jus d'orange
Le jus d'1 citron
3 dl de sirop de canne
4 oranges pour la décoration
1 bouquet de menthe

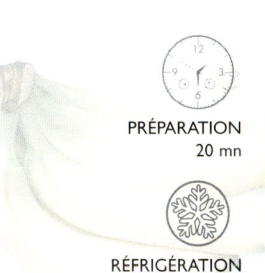

- Mélangez le jus des oranges, celui du citron et le sirop de canne. Mettez dans la sorbetière et laissez prendre selon les indications du fabricant. Quelques minutes avant de servir, lavez les 4 oranges.

- Coupez-en deux en rondelles de 4 mm d'épaisseur, sans les peler. Détaillez-les en petits morceaux. Réservez.

- Prélevez le zeste des deux autres, sans la peau blanche.

- Découpez ce zeste en fines lanières. Réservez.

- Dans les coupes refroidies à l'avance, mettez 3 boules de sorbet à l'orange, répartissez le zeste et les petits morceaux d'oranges.

- Décorez de pousses de menthe fraîche.

Le conseil

Si vous ne possédez pas de sorbetière, versez la préparation dans un récipient en métal, placez-le dans le congélateur, laissez 1 h puis cassez les cristaux de glace avec une fourchette.

PRÉPARATION
20 mn

RÉFRIGÉRATION
2 h

TRÈS FACILE

BON MARCHÉ

le Vin
Sud-Ouest Blanc

Monbazillac

sorbets

CHAUSSONS AUX FRAISES

4 personnes

3 feuilles de brick
1 l de sorbet à la fraise
30 g de beurre fondu
1 pot de confiture de fraise
16 fraises
Sucre glace

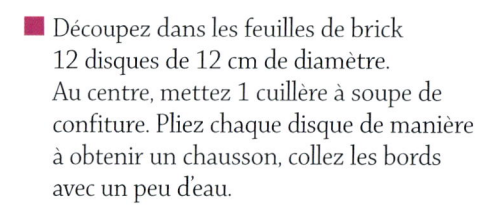

■ Découpez dans les feuilles de brick 12 disques de 12 cm de diamètre. Au centre, mettez 1 cuillère à soupe de confiture. Pliez chaque disque de manière à obtenir un chausson, collez les bords avec un peu d'eau.

■ Disposez-les sur une plaque beurrée. Après les avoir vaporisés d'eau, faites dorer 5 mn au four préchauffé à 180°C (Th. 6). Saupoudrez de sucre glace.

■ Disposez sur chaque assiette 3 chaussons, 2 boules de sorbet à la fraise. Décorez avec 4 fraises émincées.

Le conseil

Humectez les feuilles de brick avant de les utiliser, elles seront plus faciles à manipuler.

PRÉPARATION
20 mn

CUISSON
5 mn

FACILE

BON MARCHÉ

Le Vin
Val de Loire Blanc

Touraine Amboise

sorbets

DENTELLES DE FRAISES

4 personnes

50 dentelles
8 grosses fraises
Crème chantilly
1/2 l de sorbet à la fraise

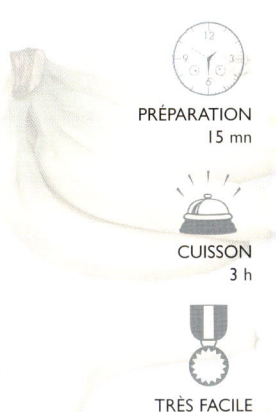

- Sur une feuille de papier sulfurisé, disposez les fraises émincées en 6 ou 7 lamelles dans le sens de la hauteur. Mettez au four à chaleur tournante Th. 2/3 (80°C) pendant 3 h (6 h au four traditionnel). À la sortie du four, détachez les dentelles encore chaudes, déposez-les sur une surface lisse et laissez refroidir.

- Dans 4 coupelles, disposez les dentelles en corolle. Ajoutez quelques boules de sorbet.

- Décorez avec la chantilly et des dentelles restantes.

Le conseil

On peut remplacer les fraises par des pommes, des ananas ou des bananes.

PRÉPARATION
15 mn

CUISSON
3 h

TRÈS FACILE

BON MARCHÉ

le **Vin**
Savoie Blanc

Seyssel

sorbets

DIVERS SORBETS AUX FRUITS

6 personnes

Sorbet à l'orange
500 g d'oranges
50 g de sucre glace
30 g de sucre en poudre

Sorbet à la pomme
500 g de pommes vertes
1/2 citron
50 g de sucre glace
10 cl de jus de pommes

Sorbet aux framboises
250 g de framboises
90 g de sucre spécial confiture
1/2 citron

Décoration
1 pomme
100 g de framboises
100 g de fraises
1 orange

PRÉPARATION
10 mn

RÉFRIGÉRATION
2 h

TRÈS FACILE

BON MARCHÉ

Le Vin
Languedoc-Roussillon Blanc

Blanquette de Limoux

Sorbet à l'orange

■ Prélevez le zeste et la pulpe des oranges. Blanchissez le zeste pendant 5 mn dans une petite casserole d'eau bouillante. Mixez finement la pulpe et le zeste dans le bol d'un robot. Ajoutez le sucre glace et le sucre en poudre. Mélangez bien et versez en sorbetière. Faites prendre en glace au congélateur pendant 2 h.

Sorbet à la pomme

■ Pelez les pommes et découpez-les en quartiers. Mixez finement les fruits dans le bol d'un robot. Ajoutez le sucre glace, le jus de citron et le jus de pomme. Mélangez bien et versez en sorbetière. Faites prendre en glace au congélateur pendant 2 h

Sorbet aux framboises

■ Lavez et séchez les framboises. Mixez finement les framboises dans le bol d'un robot. Ajoutez le sucre, le jus de citron et 4 cuillères à soupe d'eau. Mélangez bien et versez en sorbetière. Faites prendre en glace au congélateur pendant 2 h.

■ Servez les boules de sorbet en assortiment avec des morceaux de fruits frais et le zeste d'oranges blanchies 5 mn à l'eau bouillante.

Le conseil

On peut conserver les sorbets 2 mois au congélateur.

FIGUES ET SORBET MELON

6 personnes

6 figues bien mûres
Sorbet
2 beaux melons
1/2 citron
80 g de sucre glace
2 cuillères à soupe de Muscat de Beaumes de Venise
Coulis
1 petit melon bien mûr
2 cuillères à soupe de sucre glace
1 sachet de sucre vanillé
1/2 citron

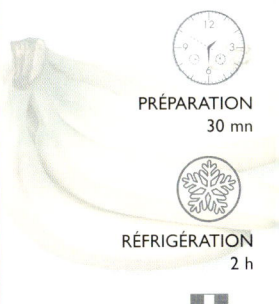

PRÉPARATION 30 mn

RÉFRIGÉRATION 2 h

FACILE

RAISONNABLE

Sorbet

- Ouvrez les melons, retirez les graines et prélevez la chair avec une cuillère. Mixez la chair finement dans le bol d'un robot. Ajoutez le sucre glace, le jus du 1/2 citron et le muscat. Mélangez bien et versez en sorbetière. Faites prendre en glace au congélateur pendant 2 h.

Coulis

- Ouvrez le petit melon, retirez les graines et prélevez la chair avec une cuillère. Mixez finement au robot. Ajoutez le jus de citron, le sucre vanillé et le sucre glace. Mélangez et réservez au frais.

- Au moment de servir, ouvrez les figues en croix. Nappez les assiettes avec le coulis, déposez une figue dessus et une boule de sorbet à l'intérieur de la figue. Servez immédiatement.

Le conseil

Le sorbet peut être préparé à l'avance. Il se conserve 2 mois au congélateur.

le Vin
Languedoc-Roussillon Blanc

Muscat de Frontignan

sorbets

GRANITÉ À LA PÊCHE

4 personnes

1 l de jus de pêches
10 cl de Noilly Prat
150 g de sucre
Écorces de pamplemousses confites
1 verre de Vermouth

PRÉPARATION
15 mn

RÉFRIGÉRATION
2 h

TRÈS FACILE

BON MARCHÉ

Le Vin
Alsace Blanc

Riesling

- Mélangez le jus de fruit, le Noilly et 100 g de sucre.

- Versez dans le plat métallique, faites prendre au congélateur.

- Lorsque les premiers cristaux se forment, cassez-les avec une fourchette et ajoutez 1 cuillère à soupe de sucre en malaxant.

- Procédez de cette façon 2 ou 3 fois, jusqu'à la prise complète du granité.

- Remplissez des verres à bords larges ou formez des boules et mettez-les dans des coupes.

- Servez avec quelques éclats d'écorces de pamplemousses confites et macérés dans le Vermouth.

Le conseil

L'idéal, si l'on veut éviter les cristaux, est de préparer le granité dans une sorbetière.

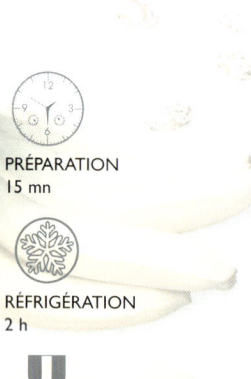

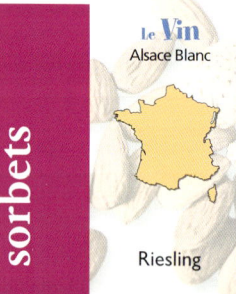

sorbets

GRANITÉ DE MELON AU MIEL

4 personnes

2 petits melons de 500 g
250 g de sucre
30 cl d'eau
2 cuillères de miel

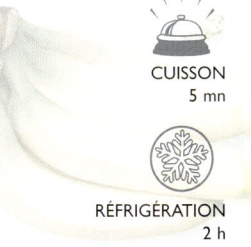

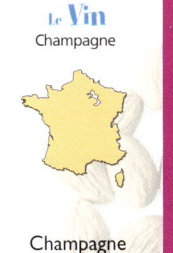

PRÉPARATION 20 mn

CUISSON 5 mn

RÉFRIGÉRATION 2 h

FACILE

RAISONNABLE

- Dans une casserole faites bouillir le sucre avec le miel et l'eau pendant 5 mn pour obtenir un sirop. Laissez refroidir complètement et mettez-le au frais.

- Nettoyez les melons et retirez toute la chair avec une cuillère. Mettez-la dans le bol du robot et laissez tourner jusqu'à obtenir un coulis.

- Mélangez la pulpe du melon avec le sirop bien froid. Versez la préparation dans un récipient assez large et pas trop haut puis mettez au congélateur.

- Quand la préparation commence à cristalliser, remuez le granité avec une fourchette tous les quarts d'heure jusqu'à ce que cela forme des paillettes.

- Une fois complètement glacée, servez le granité dans des grands verres ou pour accompagner un dessert. C'est délicieux pour se rafraîchir quand il fait très chaud.

Le conseil

Vous pouvez remplacer le melon par de la pastèque, c'est également très rafraîchissant.

Le Vin
Champagne

sorbets

POIRES CONFITES AUX ÉPICES ET SORBET AU CASSIS

4 personnes

1 l de sorbet au cassis
4 poires Conférence mûres mais fermes
2 bâtons de cannelle
4 graines de cardamome
2 étoiles d'anis (badiane)
1 l de vin blanc sec
100 g de sucre en poudre

PRÉPARATION
20 mn + 1 h macération

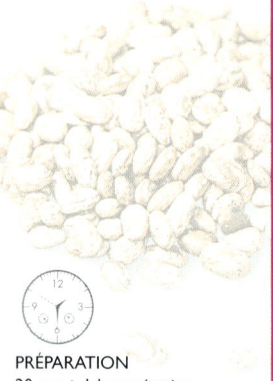

CUISSON
40 mn

RÉFRIGÉRATION
30 mn

TRÈS FACILE

RAISONNABLE

Le Vin
Sud-Ouest Blanc

Jurançon

sorbets

■ Pelez les poires entières.

■ Dans une casserole, portez à ébullition le vin, le sucre et les épices. Laissez cuire jusqu'à ce que le sucre soit fondu. Incorporez les poires et faites cuire à feu très doux pendant 40 mn environ.

■ Égouttez les poires et faites réduire leur jus jusqu'à ce qu'il ait la consistance d'un sirop.

■ Laissez refroidir les poires dans ce sirop pendant 1 h environ puis égouttez-les.

■ Pendant ce temps, formez des boules de sorbet au cassis et placez-les au congélateur 30 mn environ.

■ Au moment de servir, disposez chaque poire sur une assiette avec une boule de sorbet au cassis. Décorez aves des épices.

Le conseil

Décorez les assiettes avec les épices qui ont servi à la macération des poires.

PRUNEAUX AUX AMANDES ET SORBET FRAMBOISE

4 personnes

1 l de sorbet framboise
3 cuillères à soupe de Cognac
350 g de pruneaux dénoyautés
50 g de sucre en poudre
50 g d'amandes pilées

PRÉPARATION
15 mn + 30 mn macération

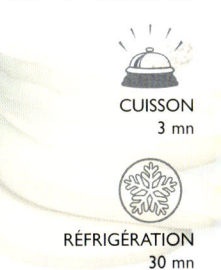

CUISSON
3 mn

RÉFRIGÉRATION
30 mn

TRÈS FACILE

BON MARCHÉ

- Dans une casserole, portez à ébullition 10 cl d'eau et le sucre en poudre. Laissez bouillir 3 mn jusqu'à ce que le sirop ait une consistance épaisse.

- Hors du feu, ajoutez les pruneaux et le Cognac et laissez macérer au moins 30 mn.

- Pendant ce temps, formez des boules de sorbet framboise et déposez-les au congélateur à plat, sur une feuille de papier aluminium, 30 mn environ.

- Disposez les pruneaux dans 4 assiettes. Ajoutez quelques boules de sorbet framboise et saupoudrez d'amandes pilées. Servez sans attendre. Accompagnez de petits biscuits secs.

Le conseil

Vous pouvez servir de la même façon un sorbet aux mûres ou aux fruits rouges et remplacer les amandes par des noix.

Le Vin
Alsace Blanc

Riesling

sorbets

QUENELLES DE SORBET À L'ORANGE

6 personnes

1 kg d'oranges
100 g de sucre glace
50 g de sucre en poudre

■ Prélevez le zeste et la pulpe des oranges. Blanchissez le zeste pendant 5 mn dans une petite casserole d'eau bouillante. Mixez finement la pulpe et le zeste dans le bol d'un robot.

■ Ajoutez le sucre glace et le sucre en poudre. Mélangez bien et versez en sorbetière.

■ Faites prendre en glace au congélateur pendant 2 h.

■ Au moment de servir, façonnez les quenelles de sorbet à l'aide de 2 cuillères à soupe. Servez avec quelques quartiers d'oranges fraîches.

Le conseil

Pour façonner les quenelles de sorbet, plongez au préalable les 2 cuillères à soupe dans un bol d'eau bouillante.

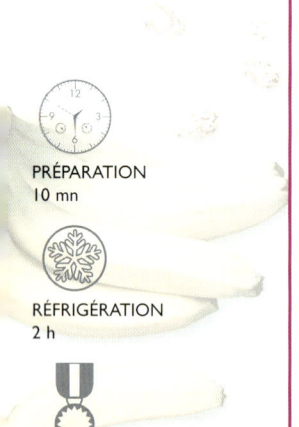

PRÉPARATION
10 mn

RÉFRIGÉRATION
2 h

TRÈS FACILE

BON MARCHÉ

Le Vin
Bordeaux Blanc

Sauternes

sorbets

180

QUENELLES DE SORBET AU CITRON VERT

6 personnes

1 kg de citrons verts
100 g de sucre glace
100 g de sucre en poudre

- Prélevez le zeste et la pulpe des citrons verts. Blanchissez le zeste pendant 5 mn dans une petite casserole d'eau bouillante. Mixez finement la pulpe et le zeste dans le bol d'un robot.

- Ajoutez le sucre glace et le sucre en poudre. Mélangez bien et versez en sorbetière.

- Faites prendre en glace au congélateur pendant 2 h. Au moment de servir, façonnez les quenelles de sorbet à l'aide de 2 cuillères à soupe.

Le conseil

Sortez le sorbet 10 mn avant afin de façonner les quenelles plus facilement.

PRÉPARATION 10 mn

CUISSON 5 mn

RÉFRIGÉRATION 2 h

TRÈS FACILE

BON MARCHÉ

Le Vin
Bordeaux Blanc 
Sauternes

sorbets

QUENELLES DE SORBET AUX FRUITS ROUGES

6 personnes

500 g de fraises et de framboises
180 g de sucre spécial confiture
1 citron

Tuiles à l'orange
100 g de sucre en poudre
100 g de sucre brun
50 g de farine
100 g de beurre
1 orange
1 cuillère à soupe d'huile

Décoration
200 g de fraises
200 g de framboises
1 bol de crème anglaise

PRÉPARATION
30 MN

CUISSON
4 à 5 mn

RÉFRIGÉRATION
2 h

FACILE

RAISONNABLE

Le Vin
Sud-Ouest Blanc

Jurançon

sorbets

■ Lavez tous les fruits. Mixez finement les fruits dans le bol d'un robot. Ajoutez le sucre, le jus de citron et 4 cuillères à soupe d'eau. Mélangez bien et versez en sorbetière. Faites prendre en glace au congélateur pendant 2 h.

Tuiles

■ Préchauffez le four Th. 7 (210°C). Dans un saladier, mélangez les 2 sucres et la farine. Ajoutez le zeste, le jus de l'orange et le beurre fondu un peu tiède. Mélangez avec une cuillère en bois.

■ Huilez une feuille de papier sulfurisé et déposez dessus des petits tas de la valeur d'une cuillère à café bombée. Espacez chaque tuile d'au moins 2 cm. Procédez en 2 fois si nécessaire. Enfournez pour 4 à 5 mn. Surveillez attentivement la cuisson et retirez les tuiles dès qu'elles sont dorées.

■ Détachez les tuiles avec une spatule et faites-les refroidir sur un objet de forme arrondie : bouteille ou rouleau à pâtisserie.

■ Au moment de servir, façonnez les quenelles de sorbet à l'aide de 2 cuillères à soupe et déposez-les sur les tuiles. Nappez les assiettes avec un peu de crème anglaise, déposez les tuiles garnies et décorez avec des fruits frais.

Le conseil

Les tuiles peuvent être préparées la veille.

182

SORBET À LA FRAISE

6 personnes

500 g de fraises
(300 g de pulpe passée)
125 g de sucre semoule
1 cuillère à soupe de jus de citron
6,5 cl d'eau

PRÉPARATION 15 mn

CUISSON 2 mn

RÉFRIGÉRATION 2 h

TRÈS FACILE

RAISONNABLE

- Faites un sirop avec l'eau et le sucre, remuez pour faire fondre le sucre et laissez bouillir 2 mn. Laissez refroidir.

- Rincez, équeutez les fraises. Mixez-les puis passez-les au travers d'un fin chinois pour retirer les pépins.

- Mélangez le sirop et le jus de citron à la purée de fruit.

- Versez dans la sorbetière et laissez prendre.

- Disposez les boules de sorbet sur les assiettes de service, entourées de fruits rouges.

Le conseil

Si vous préférez un sorbet plus léger, incorporez à la purée de fruits une meringue italienne, c'est-à-dire 2 blancs d'œufs fouettés en neige au bain-marie.

Le Vin
Val de Loire Blanc

Vouvray

sorbets

SORBET À LA POMME CITRONNÉE

6 personnes

1 kg de pommes vertes
1 citron
100 g de sucre glace
20 cl de jus de pommes

Décoration
1 pomme verte
200 g de fraises
30 cl de chantilly

PRÉPARATION
10 mn

RÉFRIGÉRATION
2 h

TRÈS FACILE

BON MARCHÉ

Le Vin
Bretagne / Normandie
Blanc

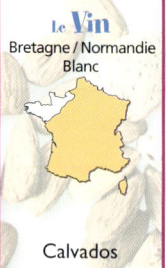

Calvados

sorbets

- Pelez les pommes et découpez-les en quartiers. Mixez finement les fruits dans le bol d'un robot.

- Ajoutez le sucre glace, le jus de citron et le jus de pomme. Mélangez bien et versez en sorbetière. Faites prendre en glace au congélateur pendant 2 h.

- Servez les boules de sorbet accompagnées de quelques tranches fines de pommes, de fraises et de chantilly.

Le conseil

On peut remplacer 1/3 du jus de pomme par du Calvados.

SORBET À L'ABRICOT

6 personnes

1 kg d'abricots
1 citron
100 g de sucre glace
2 cuillères à soupe de Muscat

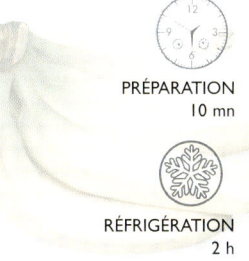

- Lavez et dénoyautez les abricots. Mixez finement les fruits dans le bol d'un robot.

- Ajoutez le sucre glace, le jus de citron et le muscat. Mélangez bien et versez en sorbetière.

- Faites prendre en glace au congélateur pendant 2 h.

Le conseil

Pensez à mettre le congélateur sur la position la plus froide avant de mettre la sorbetière dedans.

PRÉPARATION
10 mn

RÉFRIGÉRATION
2 h

TRÈS FACILE

BON MARCHÉ

le Vin
Languedoc-Roussillon Blanc

Muscat de Rivesaltes

sorbets

SORBET AU CITRON VERT ET TEQUILA

4 personnes

20 cl de jus de citron vert
250 g de sucre
50 cl de lait
50 cl de Tequila
50 cl de liqueur triple sec
Sucre au goût
8 tranches fines de citron vert

Zeste confit

Zeste de 4 citrons verts émincé finement
50 g de sucre
5 cl d'eau

PRÉPARATION
15 mn

CUISSON
8 mn

RÉFRIGÉRATION
2 h

FACILE

RAISONNABLE

Le Vin
Alsace Blanc

Muscat d'Alsace

sorbets

- Dans un bol, mélangez bien le jus de citron, le sucre, le lait, la Tequila et la liqueur triple sec.

- Versez le tout dans une sorbetière, ou à défaut, versez le mélange dans un moule à pain et congelez pendant au moins 1 h puis grattez-le à la fourchette ou passez-le quelques secondes au mixeur.

- Recongelez-le et après 1 h, brassez-le à la fourchette.

Zeste confit

- Coupez le zeste en fines lanières.

- Dans une petite casserole, réunissez le zeste, le sucre et l'eau et laissez mijoter à feu doux pendant 8 mn ou jusqu'à ce que le tout soit sirupeux. Égouttez le zeste.

- Givrez le bord de 4 coupes à Margarita de sucre et servez le sorbet dans ces coupes.

- Garnissez de zeste confit et de tranches de citrons verts.

Le conseil

Pour givrer les coupes, mettez-les 15 mn au congélateur puis plongez les bords dans du sucre.

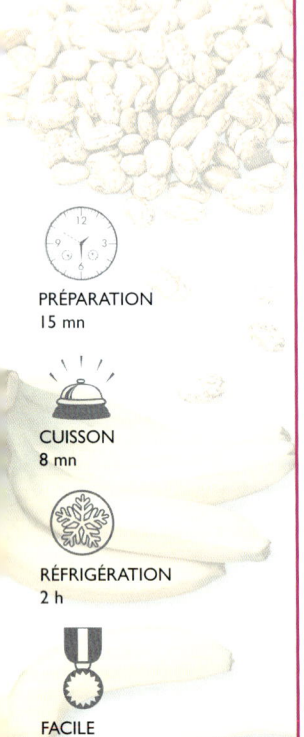

186

SORBET AUX COINGS

8 personnes

2 coings
25 cl d'eau
250 g de sucre
Le jus d'1 citron
1 blanc d'œuf
350 g de purée de coings
1 grenade et quelques feuilles de menthe pour la décoration

PRÉPARATION 20 mn

CUISSON 35 mn

RÉFRIGÉRATION 4 h

FACILE

RAISONNABLE

Le Vin
Val de Loire Blanc

Bonnezeaux

- Coupez les coings en quatre, épépinez-les, pelez-les et coupez-les en lamelles.

- Mettez l'eau, le sucre et le jus de citron dans une casserole, portez à ébullition, ajoutez les lamelles de coings, baissez le feu et laissez pocher 25 mn. Égouttez et laissez refroidir. Laissez réduire le sirop à feu doux pendant 10 mn.

- Mélangez ensuite la marmelade de coings avec le sirop et le blanc d'œuf. Versez dans une sorbetière et mettez au congélateur.

- Coupez la grenade en deux, réservez les pépins.

- Formez des boules de sorbet, disposez-les dans des coupes, décorez avec les lamelles de coings, les pépins de grenade et les feuilles de menthe.

Le conseil

Si vous ne disposez pas de sorbetière, mettez le sorbet dans un plat en métal et laissez congeler pendant 4 h. Mélangez à l'aide d'un fouet toutes les 1/2 h pour éviter la formation de cristaux.

sorbets

SORBET AUX MYRTILLES SAUCE AU YAOURT

4 personnes

Sorbet
300 g de myrtilles
70 g de sucre en poudre
2 cuillères à soupe de liqueur d'orange
1 petit blanc d'œuf

Yaourt au citron
1 citron
250 g de yaourt nature
2 cuillères à soupe de sucre en poudre
1 pincée de vanille en poudre
2 branches de citronnelle

PRÉPARATION
15 mn

RÉFRIGÉRATION
3 h

FACILE

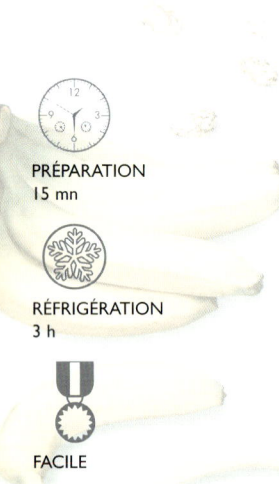

RAISONNABLE

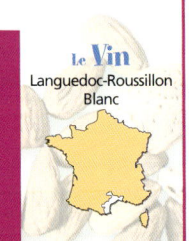

Le Vin
Languedoc-Roussillon Blanc

Muscat de Rivesaltes

Sorbet

■ Lavez délicatement les myrtilles et réservez.

■ Prélevez une cuillère à soupe de myrtille, mixez le reste en purée. Ajoutez le sucre en poudre et la liqueur d'orange et mélangez bien jusqu'à ce que le sucre soit entièrement fondu.

■ Battez le blanc d'œuf en neige ferme et incorporez-le délicatement à la purée de myrtille. Versez le mélange dans un récipient en métal de préférence et placez au congélateur pendant 3 h. De temps en temps, battez le mélange à l'aide d'un fouet pour empêcher la formation de cristaux.

Yaourt au citron

■ Lavez le citron à l'eau chaude et laissez-le sécher. Râpez le zeste. Réservez-en la moitié et coupez l'autre moitié en bandes. Pressez ensuite le jus du citron. Mélangez le zeste de citron râpé, le jus de citron, le yaourt, le sucre en poudre et la vanille.

■ Lavez la citronnelle et laissez-la sécher. Hachez la moitié des feuilles et incorporez-les au yaourt. Réservez le mélange au réfrigérateur.

■ Au moment de servir, passez le sorbet rapidement au mixeur. Versez le yaourt au citron dans des coupes. Disposez dessus des boules de glace. Servez avec la citronnelle, le zeste de citron coupé en lamelles et les myrtilles réservées.

Le conseil

Pour éviter les cristaux, utilisez une sorbetière.

sorbets

SORBETS AUX FRUITS EN COROLLE

6 personnes

Sorbet à la pêche
500 g de pêches jaunes
1 citron
100 g de sucre glace

Sorbet à la pomme
500 g de pommes vertes
1/2 citron
50 g de sucre glace
10 cl de jus de pommes

Sorbet à la fraise
250 g de fraises
100 g de sucre spécial confiture
1/2 citron

Corolles
6 feuilles de brick

PRÉPARATION
20 mn

CUISSON
5 à 10 mn

RÉFRIGÉRATION
2 h (par sorbet)

FACILE

BON MARCHÉ

Le Vin
Languedoc-Roussillon Blanc

Rivesaltes

Sorbet à la pêche

■ Pelez et dénoyautez les pêches. Mixez finement dans le bol d'un robot. Ajoutez le sucre glace, le jus de citron et 2 cuillères à soupe d'eau. Mélangez bien et versez en sorbetière. Faites prendre en glace au congélateur.

Sorbet à la pomme

■ Pelez les pommes et découpez-les en quartiers. Mixez finement dans le bol d'un robot. Ajoutez le sucre glace, le jus de citron et le jus de pomme. Mélangez bien et versez en sorbetière. Faites prendre en glace.

Sorbet à la fraise

■ Lavez et équeutez les fraises. Mixez finement dans le bol d'un robot. Ajoutez le sucre, le jus de citron et 4 cuillères à soupe d'eau. Mélangez bien et versez en sorbetière. Faites prendre en glace.

Corolles

■ Préchauffez le four Th. 7 (210°C). Découpez 3 cercles de 12 à 15 cm de diamètre dans chaque feuille de brick. Avec du papier aluminium, façonnez 18 boules de la taille d'une boule de glace. Déposez 1 cercle de brick sur chaque boule.

■ Mettez toutes les boules dans la lèche-frite du four, feuille de brick sur le dessus. Enfournez pour quelques minutes. Surveillez la cuisson et sortez les corolles dès qu'elles sont dorées. Laissez refroidir avant d'enlever les boules de papier aluminium.

■ Au moment de servir, garnissez chaque corolle avec une boule de glace et servez 3 boules de parfums différents par assiette.

sorbets

INDEX

A

Ananas soufflés	10
Aspic de fruits rouges	11
Aspic de pêches à la gelée de verveine	12

B

Barquettes de chocolat aux fruits	70
Bavarois au chocolat et à la menthe	71
Beignets bugnes	13
Biscuit aux amandes	14
Biscuits et sorbet chocolat	170
Blanc-manger aux abricots	128
Brownies	72

C

Café liégeois	160
Charlotte aux framboises	15
Charlotte aux marrons et au chocolat	73
Chaussons aux fraises	172
Clafoutis aux poires	16
Clémentines confites aux 3 agrumes	17
Compote de pommes aux épices	18
Compote de pommes meringuée	19
Cookies	74
Coquilles de chocolat aux fruits rouges	75
Coupe de sorbet à l'orange	171
Crème à l'orange à la vergeoise brune	129
Crème à la banane et au sésame	130
Crème à la vanille	131
Crème au chocolat	76
Crème au chocolat et à l'ananas	77
Crème au citron vert à la citronnelle et au miel	132
Crème brûlée ardéchoise	133
Crème brûlée au safran	134
Crème surprise en coquille	20
Crème vanillée à la noix de coco	136
Crème vanillée aux raisins secs	135
Croq au chocolat	78
Croustades aux pommes et à l'avoine	21
Croustades aux pommes et à la cannelle	22
Croustillants aux pommes et au miel	23
Crumble aux pêches et fruits rouges	24

D

Dentelles de fraises	173
Divers sorbets aux fruits	174
Dôme au chocolat	79
Douceur au chocolat au coulis de framboises	80

E

Entremet glacé à la pomme	137

F

Figues au coulis de framboises	25
Figues et sorbet melon	175
Figues pochées au banyuls	161
Flan à la mousse de pêches	26
Flan au coco et à la cacahuète	138
Flan de chocolat aux fruits	139
Fondant au chocolat et aux marrons	81
Fondue de chocolat aux fruits	82
Forêt noire	83

G

Galette charentaise	27
Gâteau au cacao nappé de chocolat noir	91
Gâteau au chocolat en forme de lune	84
Gâteau au chocolat et à la crème	92
Gâteau au chocolat et au mascarpone	85
Gâteau au chocolat et au rhum	86
Gâteau au chocolat et aux fraises	87
Gâteau au chocolat et aux fruits confits	88
Gâteau au chocolat et aux fruits secs	89
Gâteau au chocolat et aux noisettes	90
Gâteau au fromage blanc et aux framboises	141
Gâteau au yaourt	28
Gâteau aux pommes	29
Gâteau basque	30
Gâteau basque au chocolat	93
Gâteau brioché aux raisins	31
Gâteau de riz au coulis de fruits rouges	140
Gâteau de savoie	32
Gâteau de semoule aux fruits rouges	33
Gâteau roulé aux deux saveurs	94
Gâteau roulé aux noix	34
Glace à la vanille et abricots au sirop	164
Glace au melon	162
Glace au miel d'acacia et à la poire	163
Glace en gâteau aux framboises	165
Granité à la pêche	176
Granité de melon au miel	177
Gratin de pamplemousses	35

J

Jalousie aux nectarines	36

L

Larmes de chocolat garnies	95

M

Madeleines au chocolat	96
Mille-feuilles aux poires	37
Mousse au café	142

Mousse au café et aux noisettes	143
Mousse au chocolat	97
Mousse au cointreau	98
Mousse au fromage blanc et aux kiwis	144
Mousse de fruits de la passion au citron vert	145
Mousse de pommes	146
Mousse glacée aux marrons	147
Muffins	99

N
Neige brûlée au chocolat blanc	100
Nougat glacé au chocolat et aux amandes	101

O
Œufs à la neige	38
Œufs à la neige au chocolat	103
Œufs en coquille au chocolat	102
Opéra	104
Oranges confites au chocolat	105
Oranges farcies	148

P
Pain d'épices au chocolat	106
Pain d'épices maison	39
Pain perdu au chocolat	107
Pain perdu et zestes d'oranges	40
Pastèque à la noix de coco	166
Pêche à la fondue de pêches	41
Pêche melba	167
Petits biscuits «macarons» au chocolat	108
Petits flans à la mûre	149
Petits fours aux amandes et au chocolat	109
Petits pots de crème arabica	150
Poires au cassis	43
Poires au miel et crème anglaise	42
Poires au vin en corolles	44
Poires belle-hélène sur muffin	110
Poires confites aux épices et sorbet au cassis	178
Poires pochées au chocolat	111
Pommes aux fruits secs et à la vanille	45
Profiteroles au chocolat	112
Pruneaux aux amandes et sorbet framboise	179
Prunes pochées à la menthe	46
Pudding à la banane	151
Pudding aux cerises noires	47

Q
Quenelles de sorbet à l'orange	180
Quenelles de sorbet au citron vert	181
Quenelles de sorbet aux fruits rouges	182

R
Ravioles au chocolat et à l'orange	113
Riz au lait vanillé à l'orange confite	152
Rochers au chocolat	114

S
Sabayon de nectarines	48
Salade d'oranges au miel et à la cannelle	49
Salade de fruits rouges en coupe	50
Sandwich au chocolat et aux fraises	115
Savarin à la poire williams	51
Sorbet à l'abricot	185
Sorbet à la fraise	183
Sorbet à la pomme citronnée	184
Sorbet au citron vert et tequila	186
Sorbet aux coings	187
Sorbet aux myrtilles sauce au yaourt	188
Sorbet poire et mousse au chocolat	116
Sorbets aux fruits en corolle	189
Soufflé à la liqueur	153
Soufflé glacé au chocolat	117
Soufflé glacé au citron	52
Soufflés au chocolat et aux framboises	118
Soufflés glacés aux fruits d'automne	154
Soupe de mangue à la menthe	53

T
Tarte à l'ananas et à la noix de coco	55
Tarte à la confiture de fraises	54
Tarte à la mousse au chocolat blanc	120
Tarte au chocolat et à la noix de coco	122
Tarte au chocolat, aux bananes et aux noix	121
Tarte au citron	56
Tarte aux deux pamplemousses	59
Tarte aux mirabelles	57
Tarte aux myrtilles	58
Tarte aux pêches	60
Tarte aux pommes	61
Tarte chocolatée aux fraises	123
Tarte étoilée aux fruits d'été	62
Tarte tatin au miel	63
Tartelettes à la rhubarbe et aux fraises	64
Tartelettes au chocolat et aux noix	119
Tartelettes aux poires et aux noix	65
Tartelettes aux raisins	66
Terrine de fromage blanc aux pruneaux	155
Terrine glacée au chocolat	124
Timbale à la noix de coco et à la carambole	156
Timbales de chocolat au coulis de cerises	125
Tiramisu	157
Tôt fait	67

index

Conception et réalisation
© 2002 - Éditions Delville
44, rue du Cherche-Midi - 75006 Paris
Tél. : 01 42 22 72 90 - Fax : 01 42 22 65 62
editions.delville@delville.fr

ISBN : 2-85922-146-8

Mise en pages et photogravure
Chesteroc Graphics International

Dépôt légal 2ème semestre 2002
Imprimé en France

Crédits photos
© La Photothèque Culinaire
© I. Rozenbaum & F. Cirou /Photo Alto
© Digital Stock